Barbara Kohout

Der Seelen-Kompass
Ein religions-psychologischer Diskurs

**Wenn die Macht der Liebe,
die Liebe zur Macht übersteigt,
erst dann wird die Welt
Endlich wissen
Was Frieden heißt.**
Jimi Hendrix

Bibliografische Information der Deutschen Nationalbibliothek:
Die Deutsche Nationalbibliothek verzeichnet diese Publikation
in der Deutschen Nationalbibliografie; detaillierte
bibliografische Daten sind im Internet
über dnb.dnb.de abrufbar.

Herstellung: BoD - Books on Demand, Norderstedt.

ISBN 978-3-83349-967-8

9,99 Euro (D)

Inhaltsverzeichnis

Prolog

»Ich wurde mit dem sozialen Tod bestraft«, übertitelte die Augsburger Allgemeine den Bericht zur Gründung meiner Selbsthilfegruppe und dem Angebot der Beratung von Sektenaussteigern an der Telefonhotline.

Einschlägige persönliche Erfahrungen motivierten mich zum Handeln.

60 Jahre Mitgliedschaft in der fundamentalistischen Gemeinschaft der Zeugen Jehovas. Danach der Totalverlust der Freunde, Familie und aller sozialen Verbindungen durch das Kontaktverbot. Die Herausforderung, sich in einer fremden »Welt« neu zu finden.

Die Achterbahn der Gefühle und Selbstzweifel.

Die unzähligen Gespräche mit Sektenaussteigern, die Ähnliches erlebten.

Mit den Jahren beantwortete ich die immer gleichen, bangen Fragen:

Zu wem soll ich gehen?

Was ist, wenn sie Recht behalten und das Gottesgericht kurz bevorsteht?

Gibt es die Wahrheit?

Welche Religionsgemeinschaft ist vertrauenswürdig?

Wie konnte mir das passieren?

Warum habe ich nichts hinterfragt?

Kann man der Bibel vertrauen?

Wo bekomme ich Hilfe?

Wer versteht meinen seelischen Schmerz?

Welchen Namen hat Gott?

Solche und ähnliche Fragen quälen Menschen, die in den Fängen von Religionsdiktaturen, neureligiösen Gemeinschaften, Sekten, bei extremistischen Gurus, ihre Selbstbestimmung und das Selbstwertgefühl verloren.

Ihnen wurde der Zugang zum Gold im Dunkel ihrer Seele versperrt.

Mit den richtigen Fragen und Wegweisern lässt es sich finden.

Verfolgen sie den Weg einiger Personen als Beispiel, wie sie es schafften.

Klara Munich, der "Ex-Geisterkannten". Ihre Religionsgemeinschaft steht exemplarisch
für fundamentalistische Sondergemeinschaften, Sekten und sogenannte bibeltreue Christen.

Pater Benedikt, der im früheren Leben Quirin hieß, will seinen Selbstwert ohne das Dogma des katholischen Ordens definieren.

Gotthilf Herzog, entkam den 12 Stämmen.

Maria Obermüller verlor ein Vermögen an die Scientology Organisation.

Sophia Christ, eine Ex-Zeugin Jehovas, kämpft um ihr Kind.

01 Verurteilt, gedemütigt, geächtet.

Die Frau, die am Bahndamm kauert heißt Klara. Sie umklammert mit beiden Armen ihre hochgezogenen Beine. Die Morgensonne könnte sie wärmen. Doch Klara friert. Sie fröstelt aus ihrem Innern heraus. Sonnenschein kann ihre dunkle Seele nicht erreichen.

Sie überlegt: Bin ich heute entschlossen genug? Es ist kinderleicht, nur ein paar Schritte, wenn der 8.45 Uhr Zug kommt und alles ist vorbei.

Sie sitzt nicht zum ersten Mal an dieser Stelle. Bisher fand sie jeweils einen Grund, den Plan zu verschieben. Beim ersten Versuch dachte sie noch, es ist Sünde. Darum verließ sie der Mut.

Mir ist es egal, wenn zu der einen Sünde, die mich in die Einsamkeit verbannte, eine weitere dazukommt. Tot ist tot, war ein trotziger Gedanke beim zweiten Versuch.

Klara seufzt in tiefer Verzweiflung. Sie wurde aus der Gemeinde der geisterkannten Christen ausgeschlossen. Sie hatte gegen das Gehorsamsgebot ihrer Gemeinde verstoßen. Ihre geistgeleiteten Führer glauben, vom Geist Gottes befugt zu sein, im Namen Gottes zu handeln. Sie beanspruchen die Deutungshoheit über die Heilige Schrift, die sie das Geoffenbarte Buch nennen. Wer ihnen nicht demütig gehorcht, wird aus der Gemeinschaft ausgeschlossen, vom Leben abgeschnitten, ist geistig tot.

Drei Jahre ringe ich nun schon um Reue, wie von mir erwartet wird. Tausendmal las ich im geoffenbarten Buch nach. Es stimmt mit dem überein, was die Geisterkannten der treuen Führung aus unseren Schriften lehren, grübelt sie.

In Gedanken erlebte sie nochmals ihre damaligen Gefühle. Bewundernd denkt sie an die Kraft ihrer Freundin Esther. Sie grämt sich täglich, weil sie ihre abgeschnittene Tochter nicht mehr in die Arme nehmen darf. Die Ärmste ist physisch und psychisch nur noch ein Schatten ihrer selbst. Sie sprach oft verzweifelt und schluchzend, es wäre ihr lieber, Miriam wäre buchstäblich tot, dann bliebe wenigstens die Hoffnung, dass sie auferstehen wird. Sie dürfte sie nach der Auferstehung wieder in die Arme schließen. Klara fand keinen Trost für sie. Sie weinte mit ihr und wehrte sich gegen den ketzerischen Gedanken, dass so eine grausame Forderung nicht der Wille Gottes sein kann.

Weil ich nicht imstande bin, so bedingungslos zu verzichten, droht mir in Harmagedon, dem ultimativen Gerichtstag Gottes, auf jeden Fall der ewige Tod. Ich habe den Kontakt zu meinem Sohn nicht abgebrochen. Mein Glaube ist nicht brennend genug. Ebendrum ist es egal, wofür mich Gott für immer verwirft. So vertieft in ihre trostlosen Gedanken und Selbstgespräche, bemerkte sie den herannahenden Zug zu spät, um ihren Plan in die Tat umzusetzen.

Der nächste Versuch scheiterte an den Spaziergängern. Sie fingen genau in dem Moment ein Gespräch mit ihr an, als der

Zug zu hören war. Der Platz, den sie gewählt hatte, lag zu nahe am Fußweg. Das nächste Mal wollte sie sich am Fuße der Böschung verstecken.

Es folgten quälende Wochen voller Schuldgefühle. Die tägliche Routine im Haushalt erschien ihr sinnlos. Sven, ihr Mann, versteht nicht, warum sie müde und traurig ist. Dass sie sich selbst und ihre Pflichten vernachlässigt, befremdet ihn.

Sie vermisst ihre Freunde. Wieso ist unsere Freundschaft wertlos, weil ich nicht bedingungslos glauben kann, denkt sie hoffnungslos. Schaudernd schlingt sie ihre Arme noch fester um ihre Beine. Die Bilder des Tribunals überfallen sie. Wie eiskalt und herzlos stellten die drei Männer des Rechtstribunals ihre Forderung! Sie hatte zu wählen: Entweder sie sagt sich von ihrem Sohn los, der die Organisation offen kritisiert, oder sie wird selbst als Abtrünnige ausgeschlossen.

Unter Tränen versicherte sie, der Kontakt zu ihrem Sohn diene dem verzweifelten Bemühen, ihn zur Reue zu bewegen. Es nützte nichts. Trotzdem wollte sie nicht zulassen, dass er durch Irrtum in Gefahr geriet. Das hieße mit Satan und den Dämonen im Feuersee vernichtet zu werden. Untröstlich wünschte sie, mehr Zeit und die Möglichkeit, zu beweisen, dass er sich irrt. Nach ihrer Überzeugung haben die Geisterkannten die geoffenbarte Wahrheit. Es ist ihre Berufung, sie der Welt zu verkünden und die Nichterleuchteten vor dem ewigen Gericht zu warnen.

Klara *lebte* ihren Glauben. Sie hatte ihn so verinnerlicht, dass sie an ihm sogar in Todesgefahr festgehalten hätte. Zum Beispiel würde sie niemals einer Bluttransfusion zustimmen. Eher als Märtyrerin sterben, als unter Druck dem Glauben abschwören, war ihre Devise. Wenn sie Berichte zu Christenverfolgungen hörte, war sie überzeugt, dass sie den Tod nicht gefürchtet hätte. Sven widerspricht jetzt Vielem, was er bisher als Wahrheit vertreten hatte. Er stimmt unserem Sohn zu, grübelte Klara. Warum lassen mich die Beiden allein? Es ist so schwer, die Zweifel zu verdrängen. Die Forderung des Rechtstribunals ist klar und unbeugsam: Entweder ich gehorche der treuen Führung und betrachte meinen Sohn als geistig Toten, oder ich folge ihm ebenfalls in die ewige Abschneidung.

Klara schaffte es nicht, ihren Sohn als Toten zu sehen. Für diese Sünde ist bei den "Geistgeleiteten" keine Gnade vorgesehen. Es gibt keine mildernden Umstände. Das Urteil lautete Gemeinschaftsentzug. Von einer Minute zur anderen war Klara in den Augen aller Geisterkannten geistig gestorben. Die Mitglieder der Kommune sehen sie nicht. Bei einer Begegnung schauen sie durch Klara durch. Niemand spricht mit ihr, um sich nicht selbst in Gefahr zu bringen. Keiner wagt es, die Entscheidung des Tribunals zu hinterfragen. Das Entsetzen stand ihren Freunden ins Gesicht geschrieben, als das Urteil öffentlich verkündet wurde. Jens wagte einen zaghaften Protest. Der Einspruch war angeblich ein Beweis für Rebellion und Ungehorsam. Darum bestand vermeintlich die Gefahr für die Kommune, eine Spaltung zu provozieren. Er wurde ebenfalls in die ewige Abschneidung verbannt.

Diese liebevolle Schutzvorkehrung sollte uns zur Besinnung bringen, dachte Klara untröstlich. Ich kann nichts Liebevolles erkennen, so sehr ich mir auch den Kopf zermartere.

Sven reagierte vollkommen anders als ich. Wütend schmiss er alles hin. Er wollte nichts mehr von der Vergangenheit und dem gemeinsam Erlebten wissen, erinnert sich Klara. Wieso ist er nicht ebenso bereit für seinen Glauben zu leben und zu sterben wie ich? Er verausgabte sich für die Kommune. Warum? Aus welchem Beweggrund? War er nur an seiner Stellung und seinem Ansehen interessiert, wenn er darauf bestand, dass wir alle Anweisungen genau befolgten? Klar, seine Beliebtheit war nicht zu übersehen. Die Vorsteher lobten ihn und gaben ihm immer mehr Verantwortung. Hatten sie wirklich keine andere Wahl als gnadenlos vorzugehen‹?

Nichts als Fragen und Gefühle in einer Sackgasse, sinnierte Klara. Das Karussell in ihrem Kopf begann, sich erneut in der Endlosschleife zu drehen.

Der Gedanke an ihren Sohn Peter stürzte Klara in tiefste Verzweiflung. Seine Wut und Abscheu für die Kommune erlaubt keine Gespräche mehr über den Glauben.

Klara fühlte sich zweifach isoliert. Der Grund für den Gemeinschaftsentzug war: Sie wollte sich nicht von ihrem Sohn trennen. Die Gründe für Peter, den Kontakt zur Mutter abzubrechen sind seine bitteren Vorwürfe. Er sagt, weil er in einer destruktiven Kommune diktatorisch erzogen und geprägt wurde: »Du hast mich manipuliert. Von Muttermilch an lernte ich ein Nicht-Vertrauen und ich kann auch nicht vertrauen. Du bekamst dafür Ansehen von der Kommune, darum hast du nichts hinterfragt.«

Klara hatte auf der Suche nach Antworten, eine Schrift des Neurobiologen Professor Gerald Hüter gelesen. Seine Gedanken scheinen Peter Recht zu geben.

Wer Mitglied einer Gemeinschaft sein will, wird sich zwangsläufig deren Überzeugungen angleichen müssen. Er wird deren Menschen-, Feind- und Weltbild sowie deren Ziele übernehmen. Die kollektiven Bilder dienen der praktischen Umsetzung der Vorhaben. Sie produzieren die erforderliche Haltung sowie die Entwicklung der nötigen Fähigkeiten und Fertigkeiten. Die sozialen Strukturierungsprozesse finden durch die neuronalen Verschaltungsmuster in den Nervenbahnen im Gehirn statt.

Kinder, die in eine soziale Gemeinschaft, eine Familie, eine Sippe, eine dörfliche oder städtische Lebens- und Kultrugemeinschaft hineinwachsen, werden so ganz selbstverständlich assimiliert. Die Verschaltungen sind in fast beliebiger Weise jeweils durch das Vorbild der Eltern, Verwandte, Freunde zu prägen. Durch Belohnung oder Bestrafung werden die Reaktionsmuster geformt. Diese immense Formbarkeit des Gehirns ist die Voraussetzung für die transgenerationale Weitergabe der wichtigen Fähigkeiten,

Fertigkeiten, Kenntnisse und Überzeugungen einer Gemeinschaft. Ohne diese Formbarkeit gäbe es keine Erziehung und Sozialistion, keine Bildung, keine Kultur.

Doch alles, was formbar ist, ist auch verformbar.
Die von Mitgliedern fundamentalistischer Gruppen geformten Bilder sind destruktiv. Schlimmstenfalls engen sie soweit ein, dass nur noch in den Dimensionen schwarz/weiß gedacht werden darf. Die Kinder in solchen Gemeinschaften werden vom frühesten Zeitpunkt an gezwungen in dem engen Rahmen des Kollektivs zu denken. Sie bekommen durch Regeln und Vorschriften ihre Fragen beantwortet, noch ehe sie sie gestellt haben. Das behindert ihre Entwicklung zum selbstständigen und selbstwerten Individuum. Sie sammeln ihre Erfahrungen nicht spielerisch durch Erfolg oder Misserfolg. Sie werden abhängig vom Kollektiv. Es entsteht eine antrainierte Hilflosigkeit. Je eingeengter die Sicht, desto bereitwilliger wird man den Erzählungen von Wundern glauben schenken.
War meine Erziehungsmethode zum Wohl Peters, überlegte Klara. Wesentliche Erkenntnisse der Erziehungswissenschaft und Psychologie zu Autorität und Gottesbild hatte ich nicht. Für uns Eltern zählte die Erziehung zum Glauben. Ließen wir uns als Handlanger für die Religionsgemeinschaft instrumentalisieren? Wir sind getrennt von anderen sozialen Systemen. In unserem System erfahren auch die Kinder Isolation. Sie sind in der Welt der anderen nicht gesellschaftsfähig. Klara fühlt sich irrsinnig

schuldig und einsam. Ihr ist bewusst, dass sie ein williges Werkzeug für ein einengendes Wertesystem war. Ich bin völlig wertlos und überflüssig, klagte sie innerlich. Niemand braucht meine Hilfe. Es gibt weit und breit niemanden, der mich verstehen kann. Klaras verzweifelte Gedanken führten sie in einen dunklen Abgrund. Sie durfte nicht mehr an dem Rettungswerk für die Menschheit mitwirken. Sie dachte an wunderbare, gemeinsame Erlebnisse, bei denen sie glaubte, die Geistleitung zu verspüren. Ihre Vorstellungen und Visionen haben sich verflüchtigt. In der anderen Welt der nicht Erleuchteten nützten sie nichts als Orientierungshilfe. Sie sind unbrauchbar für die Planung ihres Handelns. Es ist ein paradoxes Chaos in ihren Gedanken übrig geblieben. Ich kann unmöglich ein Teil dieser bösen, zum Untergang verdammten Welt sein, dachte sie untröstlich. Allein die Vorstellung verursachte ihr Magenschmerzen. Sie fühlte panische Angst. Ihr Herz raste. Kalter Schweiß stand auf ihrer Stirn. Sie hatte keine Perspektive für eine lebenswerte Zukunft.

Nach dem Streit mit Peter, als er seine Verbitterung, seine Wut, seine Vorwürfe und Schuldzuweisungen auf sie abgeladen hatte, saß Klara wieder am Bahndamm. Sie wartete auf den Zug 8.45 Uhr. Wieder hatte sie nicht die Kraft, im entscheidenden Augenblick die letzten Schritte zu gehen.

Plötzlich dachte sie: Ich muss wissen, ob ich schuldig bin. Wenn ja, kann ich diese Schuld wieder gut machen? Sie vertraute sich ihrer Hausärztin an. Obwohl Dr. Wieland ihr Problem nicht wirklich verstand, hatte sie Mitgefühl. Sie riet ihr zu einer Psychotherapie.

Darüber war Sven entsetzt: »Du bist doch eine intelligente Frau«, rief er aus, »Du brauchst doch keinen Psychokram!«

Die Vergangenheit ist unüberwindlich. Psychokram nannten sie diese Form der medizinischen Behandlung verächtlich. Sie galt als Mittel des Teufels, um Rechtgläubige in die Irre zu führen.

Klara war verwirrt. Hatte sich Sven nun von den Rechtgläubigen gelöst oder waren die Lehren für ihn weiter bindend? Wenn Klara den Rat ihrer Ärztin befolgte, verlor sie die Anerkennung ihres Mannes, der überzeugt schien, dass nur dumme Menschen Psychotherapeuten brauchen. Sie wagte nicht, Svens Achtung aufs Spiel zu setzen. Obwohl sie fühlte, dass sie ihre persönlichen Bedürfnisse damit verriet, verzichtete sie auf die Therapie.

Die Zweifel an ihrer Entscheidung raubten ihr den Schlaf. Der Gedanke: Was, wenn es nur ein Vorwand ist, um uns davon abzuhalten, Interna der Kommune an Aussenstehende weiterzugeben, bedrängte sie. Ähnlich wie ihr Sohn konnte sie nicht mehr vertrauen. Weder sich selbst, denn sie hatte viel zu lange blind geglaubt, noch den Fremden in einer Welt, die sie nie kennengelernt hatte. Eine Welt, die angeblich unter der Macht des Bösen stand.

Auch ihren Mann verstand sie nicht mehr. Was glaubte er wirklich? Wer war ihr Mann? Wann hat er eine Rolle gespielt, um ein Ziel zu erreichen? In welchen Situationen hat er nach seiner eigenen Überzeugung gehandelt und wann fremdbestimmt? Es wurde ihr zunehmend peinlich, über ihre Vergangenheit zu reden. Das mitleidige Unverständnis für ihre Probleme, empfand sie demütigend. Es verunsicherte sie. Sie hatte die Orientierung und den Halt vollständig verloren.

Klara sah keinen Grund, ein Leben weiterzuführen, das ihr nur Schuldgefühle, Isolation und Perspektivlosigkeit zu bieten hatte. Sie entschied, es zu beenden.

Wie fühle ich mich denn jetzt gerade?, fragte sie sich neugierig und doch eher teilnahmslos, als sie ihren Platz am Bahndamm eingenommen hatte. Sie schaute sich um. Die Schlehenbüsche gaben Sichtschutz. Die weißen Blütensterne bildeten Kaskaden zarter Schönheit. Bienen summten darin. Ein Schmetterling tanzte um eine gelbe Löwenzahnblüte. In ihrem vormaligen Leben hätte Klara das romantische Treiben mit tiefem Behagen bestaunt. Jetzt versuchte sie, ihre bohrenden Fragen zu beantworten.
›Lieber Schmetterling‹ dachte sie, ›ich fühle mich so stark wie du. Kannst du meine Gefühle tragen? Angst, Kummer, Schuld, Einsamkeit, Trauer, Sehnsucht, Hoffnungslosigkeit, Dunkelheit, Schlaflosigkeit? ... nein, du kannst es nicht. Ich kann es auch

nicht mehr‹. »Darum bin ich heute bereit«, sagte sie entschlossen zu sich selbst.

Klara sah auf ihre Armbanduhr. Noch 5 Minuten. Sie holte tief Luft und stand auf. Lächerlich, dass sie gerade jetzt mit Genugtuung an ihre Entscheidung dachte, die Kommunenkleidung anzuziehen. Den knöchellangen Plisseerock in der undefinierbaren Farbe oliv mit grünem, gelbem, roséfarbenem Muster. Diese entsetzlich schlabberige Mode. Er galt als schickliche Kleidung für alle Veranstaltungen der Kommune. Er war vor allem praktisch. Der Rat der Geistleitung in Sachen Mode besagte, mit Wenigem zufrieden zu sein. Man sollte nicht mit der Mode gehen, sondern die Garderobe so wählen, dass Blusen, Pullis und Röcke in vielen Farben miteinander kombinierbar und zeitlos waren. Das ersparte Geld wurde für die christlichen Interessen gespendet.

Klara hatte ihre Röcke, Kleider und Blusen mit den Blümchenmustern vor Jahren entsorgt. Ihr Sohn spottete häufig über den kitschigen Geschmack. Die Frauen hätten kein Modegefühl, monierte er. Klara wollte nicht, dass er sich ihretwegen schämte.

Irgendwie hat Peter ja Recht, dachte sie, ich tat alles, um etwas Ansehen zu bekommen. Wann fragte ich mich je, was mir persönlich gefiel? Ich hatte mich verloren. Wie sollten mich die Anderen kennen, wenn ich mich selbst nicht mehr kannte? Ich verwechselte Anerkennung mit Liebe.

Klara legte ihre Handtasche unter einen der Büsche. Die Polizei sollte ihren Abschiedsbrief finden. Aus der Ferne hörte sie den herannahenden Zug. Es blieben ihr nur noch wenige Augenblicke.

Entschlossen kletterte sie den Rest der Böschung hinunter und betrat die Gleise. Ihr Herz pochte wie ein Presslufthammer. In dem Moment als sie den Zug sah, streckte sie instinktiv die Arme aus und schrie:»Nicht, nicht bremsen!« Sie vernahm dieses unerträglich laute Quietschen der blockierenden Räder auf den Schienen und nahezu gleichzeitig nichts mehr. Der Zug hatte sie erfasst und die restlichen Meter mitgeschleift, bis er endgültig zum Stehen kam.

Es geschah in Bruchteilen von Sekunden, doch Zeit war für Klara nicht mehr vorhanden. Reglos lag sie mitten in den Gleisen.

02 Der Wettlauf um das Leben beginnt.

In Stellwerk und Hauptbahnhof liefen die Notfallroutinen an. Der Notruf des Lokführers lautete Person im Gleis vom Zug erfasst.

Durch die Notbremsung gab es in den Waggons Tumult. Die Fahrgäste wurden aus den Sitzen geschleudert. Einige kreischten vor Schreck. Eine Frau stürzte auf dem Weg zur Toilette.

Dann gespenstische Stille. Die Durchsage aus dem Lautsprecher kam:»Wir bitten den unplanmäßigen Halt, wegen Person im

Gleis zu entschuldigen. Falls unter den Fahrgästen ein Arzt ist, bitte dringend beim Zugführer melden«.

Zufällig - doch es gibt bestimmt keine Zufälle - saßen wie jeden Tag um diese Zeit drei Ärzte im Zug. Es waren Kollegen auf dem Weg zu ihrer Arbeit im Zentralklinikum. Einer sprang auf, um der gestürzten Frau zu helfen. Die beiden anderen liefen in den vorderen Zugteil und meldeten sich beim Zugführer.

Mit einem Blick erfassten sie die Situation. Sie sprangen aus dem Wagen und liefen zu der Frau, die reglos in den Gleisen lag. Doktor Kurz verschaffte sich einen ersten Eindruck. Er ließ sich mit der Rettungsleitstelle, die bereits verständigt war, verbinden.

»Eine Person, weiblich, nicht ansprechbar, Vitalfunktionen schwach wahrnehmbar, Verdacht auf Schädelhirntrauma, Verdacht auf Rippenserienfraktur, Frakturen an beiden Unterarmen«, informierte er die Kollegen. Damit begannen in der Notaufnahme des Klinikums die Vorbereitungen für erforderliche Rettungsmaßnahmen.

Der Rettungswagen traf bald an der Unfallstelle ein. Sie befand sich nicht weit vom Klinikum entfernt. Mit viel Lärm fuhren Polizeifahrzeuge vor. Auf der Bahnüberführung sammelten sich Schaulustige. Handykameras wurden auf die Unfallstelle gerichtet, die gut einsehbar war.

Doktor Kurz stellte sicher, dass die Atemwege der Verletzten frei blieben. Da seine Kollegen vom Rettungsdienst bereits herbeieilten, bat er Frau Doktor Richter, sich um den offensichtlich unter Schock stehenden Lokführer zu kümmern. Sie ist Psychologin.

Wenige Minuten nach dem Notfallsignal leistete das Rettungsteam am Unfallort mit professioneller Routine die notwendige Erstversorgung zur Lebenserhaltung der Schwerstverletzten. Kreislaufmittel wurden gespritzt, die Beatmung sichergestellt, eine Infusion gelegt und vor allem der behutsame Transport aus dem Gleis in den Rettungswagen vorgenommen.

Die Polizei suchte an dem weiträumig abgesperrten Unglücksort nach Hinweisen, um den Unglückshergang zu rekonstruieren. Sie fanden die Handtasche der Frau mit den Ausweispapieren und dem Abschiedsbrief. Daraus ergab sich, dass sie ihr Leben freiwillig beenden wollte.

Wieso lebt die Person noch?, musste zunächst ermittelt werden. Wieso war die Kollision von Mensch und Lokomotive nicht tödlich?

Stockend beantwortete der Lokführer die Frage des Polizisten: »Ich ahnte, dass hier eines Tages etwas passiert. Ich hatte an dieser Stelle ständig ein mulmiges Gefühl. Von der Straßenbrücke zum Bahndamm gibt es einen leichten Zugang. Ich beobachtete das Brückengeländer und dachte, eines Tages springt mir hier jemand vor den Zug. Bereits vor der leichten

Kurve drossele ich gewöhnlich das Tempo. Es ist bis zum Hauptbahnhof nicht weit. Ich kann die Geschwindigkeit variieren. Als ich das Gleis überblickte und die Bewegung in der Böschung bemerkte, reagierte ich instinktiv mit Vollbremsung. Ich sah noch, wie die Frau beide Arme ausstreckte und dachte, sie will den Zug aufhalten. Aber mein Bremsweg war einfach zu lang. Ich erfasste sie und schleifte sie diese ganze Strecke mit.« Frau Doktor Richter redete beruhigend auf den Lokführer ein: »Sie haben wunderbar reagiert. Gott sei Dank, haben sie auf ihre Gefühle gehört. Die Frau ist schwer verletzt. Durch ihre Aufmerksamkeit lebt sie.«

03 Orientierung außerhalb des Körpers.

Klaras ICH war in einem Zustand der veränderten Wahrnehmung. Sie fühlte sich außerhalb ihres Körpers. Das gefiel ihr. Sie empfand Licht und Wärme. Ein wundervolles Schweben gab ihr Freiheit. Sie hatte keine Sprache oder Worte. Sie verstand nur ihre Gedanken.

Den leblosen Körper auf den Gleisen nahm sie wahr. Sie suchte keine Verbindung zu ihm. Sie mochte Tote nicht. Sie wusste, dass dieser Körper zu ihr gehörte. Sie verspürte keinerlei Gefühlsregung ihm gegenüber. Sie wollte sich von dem Geschehen entfernen. Gleichzeitig beobachtete sie die Menschen, die sich um die Person bemühten. Sie begriff nicht, dass sie mit der Spiegelwahrnehmung die räumliche Dimension sah. Sie war ausserleibig und gleichzeitig gebunden. Sie versuchte zu verstehen.

Sie fragte sich: Bin ich tot oder sterbe ich gerade? Warum widmen die Leute dem Körper auf den Gleisen so viel Aufmerksamkeit? Es ist schön in dieser wundervollen Umgebung. Hier will ich sein. Hier kann ich dem geoffenbarten Buch widersprechen. Ich werde nicht siebzig oder achtzig Jahre alt. Ich bin schon viel früher tot. Ich wagte den Schritt. Welche Verwandlung wird mir nun begegnen? Darauf bin ich nicht vorbereitet.

Wer werde ich sein? Was bin ich? Seele? Geist? Seltsam, dass die Begriffe nicht passen. Ich verfüge über keinen Körper, sondern über Bewusstsein. Bin ich Energie? Ich kann mich nicht erfassen. Ich kann mich nicht beschreiben. Existiere ich? Wer stellt hier Fragen ohne Worte?

Plötzlich erfasste Klara Antworten. Sie vernahm keine Worte, nur Informationen. Ich bin im Plasmazustand. Das verwirrt mich. Ich verstehe Begriffe, die ich nie gekannt hatte. Die Kommunikation funktioniert körperlos. Energie fließt und beantwortet meine Fragen mit passenden Gedanken. Klara versucht einen Vergleich mit googlen. Wenn ich ein Stichwort denke, wird die Lösung damit abgerufen.

Eine energetische Antwort ließ sie verstehen, dass es einen spirituellen Zustand gibt. Sie fühlte sich verschränkt mit weiteren körperlosen, nicht stofflichen Informationen. Sie definierte diese als Wesen. Sie folgerte, es seien Geistwesen.

Sie wollte zu ihnen gehören, von ihnen willkommen geheißen werden. Sie hatte die »gesicherte Erkenntnis«, dass sie dort in den allumfassenden Zustand des universellen Ganzen gelangte. Von den pulsierenden, schwingenden Wogen, die sie tröstlich umfingen, wollte sie nie mehr getrennt sein.

Sie denkt: Was da unten auf dem Bahngleis geschah, war meine Entscheidung. ICH trage die Verantwortung. Diese Menschen, die hektisch um den leblosen Körper hantieren, ignorieren meine Entscheidung. ICH will das nicht. ICH muss versuchen, sie daran zu hindern. Wozu all diese Schläuche und Injektionen?

Klara beobachtet, wie der Körper, ihr anderes ICH, aus den Gleisen transportiert wird. Sie verspürt nichts für ihn. Sie möchte ihn in Ruhe endgültig verlassen.

Sie müssen die Handtasche finden und verstehen, warum ich gezwungen bin zu gehen, war Klaras wortlose Wahrnehmung aus dem Energiefluss. Klaras Seele kann anwesende körperlose Wesen identifizieren, die ihr Informationen übermitteln. Sie versteht, dass sie zu dem Geschehen in dem stofflichen Bereich keine Verbindung hat. Sie fühlt ihren Zustand nicht, kann ihn nicht erklären. Sie kennt keine Worte dafür. Sie versteht intuitiv.

Die Erfahrung lehrt sie, dass die geistige Ebene Licht ist. Sie reicht in die Unendlichkeit. Für die Kommunikation ist keine Sprache erforderlich. In der materiellen Ebene verständigt man sich mittels der Sprache. Diese formt Bilder mittels Metaphern. Die dreidimensionale Ebene erfordert Bilder oder Metapher, um Wissen verständlich zu übertragen. In der transzendenten Dimension funktioniert Verständigung ohne Bilder. Das Wissen ist vermittelt durch Energie.

04 Der Abschiedsbrief.

Unter dem Schlehenbusch wurde die Handtasche gefunden. Der Ausweis darin, gab der Polizei Auskunft über Klaras Identität und Anschrift. Ein Kriminalbeamter übernahm die schwere Aufgabe, den Angehörigen von dem Unglück zu berichten und den Abschiedsbrief zu überreichen.
Klara kennt den Inhalt.

Mein lieber Sven,
ich hoffe, Du kannst mir eines Tages verzeihen, dass ich diesen Weg für mich gewählt habe. Ich kann die Schuld nicht mehr tragen. Sie erdrückt mich. Sie raubte mir alle Kraft.
Du bist mein Mann und es war für Dich immer selbstverständlich, dass ich Dir demütig untertan bin. Du hast mich zwar nie mit körperlicher Gewalt dazu gezwungen. Dein Anspruch war, dass ich mich freiwillig hingebe und unterwerfe. Du hast mir keinen Raum gelassen. Ich suchte verzweifelt Deine Liebe und Anerkennung. Als Person fühlte ich mich nie wahrgenommen. Ich durfte keine eigenen Bedürfnisse zulassen. Dir kam nie in den Sinn, den psychischen Druck zu hinterfragen, der mein Leben beschwerte.

Schon Eva im Paradies verschuldete die Sünde. Isebel verführte König Salomo zur Baalsanbetung. Ich wurde beschuldigt, Isebels Geist zu pflegen, weil ich zweifelte. Ich bin eine Gefahr für die Kommune.

Ich verausgabte mich, um die Erwartungen aller zu erfüllen.

Ich bin schuld, weil ich eine Frau bin. Dina war schuld, dass ihre Brüder alle Männer einer Stadt ermordeten. Sie hatte Freundinnen aus der Stadt. Glaubte denn die Familie Abrahams auch, dass Nicht-Hebräer schlechte Gesellschaft sind? Für uns sind Nicht-Geistgeleitete »Weltmenschen« und »schlechte Gesellschaft«. Dinas Familie war Gast in einem fremden Land. War Dina wirklich selbst Schuld? Hat sie die Vergewaltigung tatsächlich provoziert?

Das alles studierte und glaubte ich. Jetzt verstehe ich den Zusammenhang nicht mehr. Dina, Eva und Isebel sind Vergangenheit. Ich hatte keine Freundschaft mit der Welt. Meine Schultern sind zu schwach, um alle Bürden zu tragen. Die Welt der Nicht-Geisterkannten kann nicht verstehen, was mich bedrückt. Meine Ärztin schüttelt ungläubig den Kopf. Sie meint es gut, wenn sie mir diese Pillen verschreibt.

Wie sollte sie auch nachvollziehen können, warum mir keine Pillen helfen werden.

Das Schlimmste ist, dass Peter mir die Schuld gibt. Ich habe ihn in der Lehre der Geisterkannten erzogen. Frauen sind in allen Kulturen die Vermittler des Wissens und der Tradition.

Ich habe ihn nicht verraten. Ich liebe ihn. Trotzdem hatte ich keine Chance.

Peter spürte instinktiv, wenn ich von den Regeln der Kommune abweichen wollte. Wenn ich ihm etwas Verbotenes erlaubte, brachte ich ihn in Gewissenskonflikte.

Egal was geschah - die Drohung der Schuld und Sünde war allgegenwärtig.

Mein liebster Sohn Peter, Du bist ein Mann und siehst Dich als Opfer und Verführter.

Du hast Recht. Ich hatte einen großen Anteil daran, Dich unseren Glauben zu lehren.

Ich tat es, weil ich demütig und gehorsam war. Ich wurde gedemütigt.

Ich habe mich sehr bemüht und erntete immer mehr Mühe.

Ich habe mich sehr angestrengt und konnte nicht mehr locker sein.

Ich habe gegen meine Bedürfnisse gekämpft und mich verloren.

Nun gebe ich den Kampf auf.

Ich bitte Euch, versucht, mich zu verstehen.

In aller Aufrichtigkeit

Mama - Klara

05 Der Kampf um eine Entscheidung

In Klaras Wahrnehmung gab es eine deutliche Veränderung. Sie fühlte sich an die Aura der Person gebunden, die sie nicht mehr sein wollte. Lichtseile umgrenzten ihren Raum. Sie stand vor der Wahl, sich jetzt in die Dunkelheit zu entfernen oder diesen Körper zu begleiten.

Sie beobachtete, wie der bewusstlose Körper in den Rettungswagen gebracht wurde. Sie war gefordert, eine Entscheidung zu treffen. Wollte sie die Bemühungen der Menschen unterstützen? Das hieße bleiben. Was hinderte sie, zu gehen? Sie bekam von magischen Anwesenden in ihrem Matrix-Feld eine Antwort - wieder auf wundersame Weise, ohne Worte. Es wurde ihr ein Wissen mit einer Gegenfrage übermittelt. Bin ich überzeugt, dass mein Handeln richtig war? Sofort empfand sie ein NEIN.

Habe ich alle Folgen bedacht? NEIN. Bin ich darauf vorbereitet, was mich erwartet? NEIN.

Sie lenkte ihre Aufmerksamkeit weg von der ICH Perspektive und begann das Geschehen zu beobachten.

Sie beobachtete einen Rettungswagen, in den eine andere Frau getragen wurde. Sie ist wegen meiner Tat verletzt, wusste Klaras Seele. Klara wählte diese Bezeichnung für ihre ungewohnte Wahrnehmungsebene. Sie brauchte eine Sprachbrücke zwischen den Dimensionen. Seele ist die Metapher für das unsichtbare Selbst einer stofflichen Person. Als Klara die Frage dachte: Was ist ihr passiert? Kannte sie die Antwort - sie stürzte bei der Notbremsung und brach sich den Oberschenkelhals. Ein Fahrgast, der Arzt auf dem Weg zur Arbeit, leistete ihr erste Hilfe. Er begleitet sie nun im Notarztwagen.

Der Lokführer erlitt einen Schock. Ein Polizist steht bei ihm. Eine Ärztin spricht beruhigend auf ihn ein. Ich dachte nicht an die Konsequenzen. Dieser Gedanke half Klara, eine Entscheidung zu treffen. Sie wusste nicht, ob sie ihn selbst gedacht hatte, oder ob er einer Spiegelung aus der Mitte der magischen Anwesenden entsprang.

Sie wollte bleiben. Im Augenblick des Gedankens folgte sie im Rettungswagen dem schwer verletzten Körper zur Notaufnahme des Klinikums. Noch hatte sie nicht entschieden, ob sie den Zustand der Spiegelwahrnehmung in die metakosmische Zeit hinein wieder verlassen würde. Die Rückkehr in den Körper hing von den Antworten ab, die sie finden wollte.

Gibt es noch einen Auftrag für mich? JA

Kann ich für die Menschen, die mir etwas bedeuten, nützlich sein? Wieder JA aus dem Gedankenspeicher.

Gedankenübertragung durch kosmische Energie, als mystische Erfahrung, war für Klara überwältigend. Sie widersprach ihrem bisherigen Glauben, dass es keine Existenz nach dem Tod gab.

Diese Erfahrung könnte der heilige Paulus in seinem 2. Brief an die Versammlung in Korinth erzählt haben:

»Ich weiß einen Menschen in Christus, der vor vierzehn Jahren - ob im dem Leib, ich weiß es nicht, Gott weiß es - entrückt wurde bis in den dritten Himmel ....«

Der Bericht einer Nahtoderfahrung. Ich verstand seine Bedeutung nie. Für das Paradies hatte ich irdische Bilder. Über eine Dimension höher als die stoffliche Existenz habe ich nie nachgedacht. Solche Gedanken verboten sich zwangsläufig. Von Dämonen inspirierte Äußerungen erlaubte ich mir nicht.

Nun wusste Klaras Seele es besser. Ich bin Einheit von Köper, Seele und Geist, formierte sich die Information. Wie funktioniert das? Lautete ihre gedachte Frage. Sie brauchte einen Vergleich - eine Metapher damit sie begriff. Wasser bleibt dasselbe Element - egal, in welchem Aggregatzustand: flüssig, Eis, Dampf. Der Mensch ist Körper. Er ist Seele. Er ist Geist. Das ist seine dreidimensionale Existenz. So ist er Teil des gesamten Universums. Sie bekam die Vorstellung, dass eine metakosmische, universelle Dimension Raum und Zeit transzendiert und so universelles Wissen nutzt. Das bedeutet, eine Transformation der Erfahrungen längst vergangener Zeiten ist denkbar. Wahrlich ein überwältigender Gedanke in Klaras unbewusster Wahrnehmungsebene.

»Überlege, warum der Vergleich »Wasser« nicht völlig übereinstimmt, mit dem, was du gerade verstehen willst.«

»Habe ich mir diese Frage gestellt, oder wurde ich aufgefordert zu fragen?«

Klaras Bewusstsein war außer Betrieb. Die neuronalen Funktionen des Unbewussten überwanden die Schranken der Materie. Die Spiegelneuronen analysierten die momentane Situation. Klara verstand, dass nur in der Einheit aller Komponenten der Mensch lebendig ist. Wenn sich die Seele, - Klara dachte sie als »mein Selbst«, - aus der Einheit löst, beginnen die verbleibenden Teile ihre Funktionen einzustellen. Die Atmung und der Kreislauf meines Körpers werden derzeit künstlich gestützt, damit sie weiter funktionieren. Die Gehirnströme sind noch messbar. Wenn sie aussetzen, werden sie sagen, - Exitus, - ich sei tot. Dann geht die Stofflichkeit des Körpers in die Phase des Zerfalls über. Der Vergleich mit dem Wasser betrifft die materielle Existenz. Er kann nicht auf die geistige, transzendente Dimension übertragen werden, schlussfolgerte Klaras außerleibiges Selbst.

Dieser nicht-stoffliche Teil der Selbstmörderin, übernahm einen Sendungsauftrag.

In der dritten Dimension des universellen Ganzen ist die Sprache das Mittel zur Verständigung. Sie bedient sich der Bilder und Metapher, die die Menschen aus ihren Erfahrungen ableiteten.

»Wie übermittle ich den Gefangenen in ihrem stofflichen Sein aus der Dreidimensionalität Erkenntnisse Erkenntnisse aus höheren Dimensionen?«

Die Antwort zu diesem fragenden Gedanken war augenblicklich in ihrem Sinn:

»Ich kann sie nicht mit dem Wissen der vierten Dimension erreichen. Der größte Teil meines Wissens liegt im Unterbewusstsein und tiefer.«

Das Bewusstsein ist Begrenzung. Unbewusst nutzen die stofflichen Lebewesen das, was sie brauchen, um zu überleben. Ich will den Weg zu meinem Selbst suchen. Es wird Bilder geben, die ich verstehen kann. Ich muss mit Logik, Vernunft und Beweisen arbeiten.

06 Bilder, Metapher, Verschränkung, der Ur-Ewigen.

»Wie war mein stoffliches Leben bisher? Warum wurde es für mich unerträglich?«

Da sie die Antwort: »Ich zeige es dir« unmittelbar auf den Fragegedanken hatte, war es naheliegend zu denken: »Wer bist du?« »Ich bin Baba-Bewit. Ich kannte dich schon vor deiner Geburt. Ich begleite dich durch dein Leben.«

»Ich war viele Male im Leben überzeugt, dass ich einen unsichtbaren Beschützer hatte. Meine Mutter sprach in solchen Situationen von Gott oder Herrgott im Himmel oder von unserem Schutzengel. Später nannten wir ihn Jachwé. Hätten wir ihn Baba-Bewit nennen sollen? Wieso bist du mein Schutzengel?«

»Ich bin das gespeicherte Wissen deiner Vorfahren, das an die Nachfahren weiter gegeben wird. In eurer Dimension der Wahrnehmung verkleinern Namen das Objekt auf eure Stufe. Es spielt keine Rolle, wie ihr es nennt. Es wird immer nur eine Teilansicht des universellen Ganzen sein. Namen sind Bilder, mit deren Hilfe die Menschen Gott nach ihrer Vorstellung erschaffen. Darum gibt es viele Götter bei den Menschen. Es gibt viele Beschreibungen seiner Eigenschaften. Er lebt und wirkt in den Menschen verborgen. Alle Gottesbilder sind zugleich richtig und auch falsch. Es sind kleine Mosaiksteine aus

einer für euch unfassbaren Fülle. Ich bin bei dir, weil die Kraft des Ur-Ewigen - du kannst sie Kraft Gottes nennen oder Ur-Abwun - in jede Kreatur gelegt ist. Solange diese lebt, wird sie nicht verlassen. Das ist die Verschränkung mit allem Gewesenen, das als unbewusstes Wissen weitergegeben wird.«
»Wohin wirst du gehen, wenn du mich verlässt?«

07 Das Ur-Juju-Universum.
»Ich werde Teil der weiteren Dimensionen außerhalb von Raum und Zeit. Für dein besseres Verständnis kann ich es Ur-Juju-Universum, die metakosmische Leere nennen. In die Schöpfung des Ewigseienden. In ihm ist der gesamte Ur-Code des universellen Wissens, der Erfahrungen und alle Energie gespeichert. Die Dimension wird aufgelöst. Sie wird neutral und zeitlos. Das kollektive Unterbewusstsein der Menschen ist mit ihm verbunden. So sind Geist und Materie untrennbar miteinander verwoben.
Wie der Ozean auch gleichzeitig aus einzelnen Wassertropfen, ja Wassermolekülen besteht, die miteinander wirken. Aus diesem Bereich gibt es keine Namen. Sie könnten das Ganze nicht erfassen. Ein Name grenzt ein und begrenzt. Er schaltet das Wesentliche des Gesamten aus. Wer Namen kennt, kann mit dem Benannten in Kontakt treten.
Das Ur-Juju-Universum ist für die begrenzten Dimensionen nicht erreichbar. Das Ur-Juju-Universum *gibt* sein Wissen ohne

Begrenzung mittels Energie-Information. Der Mensch kann sie nicht mit seinem Willen *abrufen*. Sie ist absolut neutral.

08 Der Geist - der freie Wille.

Der freie Wille des Individuums wird niemals eingeschränkt. Der Geist - das Selbst - ist Freiheit. Freiheit dient der Gestaltung des Lebens. Der Geist ist nicht räumlich. Er ist Energie, Resonanz, Bewusstsein, Potenz. Er stellt die Brücke her zwischen der Person, die du bist und der die du imstande bist zu sein. Der Geist, dein Selbst spiegelt deine Einmaligkeit. Er lässt dich den Sinn deines Lebens erkennen, der nur für dich stimmig ist. Das bin ich - dein unbewusstes Bewusstsein, das dich mit dem Ur-Ab-wun urgetragen verbindet.

In deinen Worten erklärt: Ur ist der Anfang, Verursacher, Schöpfer. Ab ist die Wurzel von Abba - Vater und Liebe. Mit Wun verbinden sich alle Wunder der Schöpfung, die sich deiner Wahrnehmung erschließen. Doch Ur-Ab-wun ist kein Name, sondern die Beschreibung des Ursprungs in Metaphern, die für dich verständlich sind.«

»Wenn so viel Information zur Verfügung steht, warum wurde ich nicht daran gehindert, vor den Zug zu springen?«

»Niemals wird jemand vom Ur-Juju-Universum daran gehindert, eine persönliche Entscheidung frei zu treffen und zu handeln. Warnungen bekamst du. Denke an die vorherigen Versuche. Deine Freiheit und Verantwortung, sie auf deine Weise zu deuten wird nie eingeschränkt. Den Hintergrund deiner

Entscheidung kannst du erklären. Schau weit in deine Vergangenheit zurück.«

»Ich verstehe nicht. Inwiefern hätte mir das geholfen?«

09 Der Wegweiser ist, das Vergangene verstehen.

»Was quälte dich so sehr, dass du keinen Ausweg sehen konntest?«

»Ich fühlte mich schuldig und niemand verstand mich.«

»Dir fehlte also Anerkennung, Aufmerksamkeit, Wahrnehmung. Dein Bedürfnis lautet: Ich will wahrgenommen werden. Frage dich: Warum ist das so? Seit wann ist es so? Ist böse Absicht im Spiel? Wem geht es genauso? Gebrauche deine kreative Fähigkeit, die gemeinsamen Muster zu erkennen. Aus dem Ur-Ab-Wun schöpfen alle Menschen eine Hilfe. Du nennst es Gewissen. Es sind Eigenschaften, die dem Menschen unbewusst zur Verfügung stehen: Liebe, Hoffnung, Mut, Verantwortung, Spiritualität und andere. Deine Verbündeten, die niemand von dem Urquell allen Seins trennen kann. Selbst wenn du ihre Existenz leugnest, ändert es nichts an den Fakten. Du wirst Zusammenhänge erkennen zwischen deinem Erleben und der Struktur des universellen Ganzen.«

Gleichzeitig mit ihren energetischen Gedanken registrierte Klaras außerleibiges Selbst die Ereignisse rund um den verletzten Körper. Er lag im Koma. Die genaueren Untersuchungen bestätigten die Erstdiagnosen des Notarztes. Im OP flickte ein Team Ihre zertrümmerten Unterarme zusammen. Mit Nägeln, Metallplatten und Klammern stabilisierte der Orthopäde die Knochen. Die Brüche waren kompliziert. Nach Abschluss der Versorgung gab es berechtigte Hoffnung, dass sie gut verheilen.

Der Bluterguss im Schädel bereitete den Ärzten Sorgen. Falls er zu viel Raum nahm, bestand die Gefahr eines dauerhaften Hirnschadens. Vorsorglich öffneten sie zur Entlastung die Schädeldecke, um das Blut abzuleiten.

»Glück im Unglück«, sagte der Internist, weil er keine lebensbedrohlichen, inneren Verletzungen feststellte. Wie durch ein Wunder ist die Milz nicht gerissen. Der instabile Brustkorb bestätigte den Verdacht auf Rippenreihenfraktur. Der Zustand der Bewusstlosigkeit bedingte die künstliche Beatmung. Die gebrochenen Rippen würden heilen. Mit der stabilen Lagerung des Körpers wurde eine Verletzung von Herz und Lunge verhindert. Es gab Anlass zu einer vorsichtig optimistischen Prognose. Die Vokabel Wunder ist naturgemäß keine medizinische Diagnose. In diesem besonderen Fall neigten die beteiligten Helfer trotzdem dazu, von einem Wunder zu sprechen.

»Das Ärzteteam erwartet, dass ich mich mit meinem Körper vereinige, erkannte Klaras außerleibiges Selbst. Zuvor will ich noch einige Fragen klären:

»Warum konvertierten meine Eltern zu den Erleuchteten?«

Ähnlich den Treffern am PC auf einen Suchbegriff, wurde ihre gedachte Frage beantwortet.

»Denke an das Schicksal deiner Eltern zu der damaligen Zeit. Wie beschreibst du ihre Lage?«

»Es ging ihnen schlecht. Die zurückliegenden Erlebnisse lasteten traumatisch auf ihrer Seele. Vater durch Krieg und Gefangenschaft. Mutter durch den Krieg, Verfolgung in unserer Heimat, Flucht, Flüchtlingslager, Hunger, Verlust der Heimat, der Habe und der gesamten Herkunftsfamilie.«

»Wonach sehnten sie sich?«

»Ich verstehe. Sie sehnten sich nach Anerkennung, Geborgenheit, Frieden und Wiedergutmachung.«

»Wer hat ihnen all das versprochen?«

»Da kam ein Mann von den Erleuchteten und sprach mit meiner Mutter über das geoffenbarte Buch. Er erzählte ihr, dass die Erleuchteten eine liebevolle Kommune seien. Sie würden von der geisterkannten treuen Führung in ein wundervolles Paradies begleitet. Sie besäßen die geoffenbarte Weisheit durch den universellen Geist Jachwé. Sie sprachen von einer baldigen Errettung. Sie versprachen uns eigene Häuser. Wir sollten wieder einen Weingarten besitzen. Es würde nie wieder Flucht und Vertreibung geben.«

»Warum glaubte ausgerechnet meine Mutter diesen Versprechungen? Die Verwandten meines Vaters blieben unbeeindruckt.«

»Gehe in die Vergangenheit deiner Mutter und verstehe, warum sie es im Gegensatz zur Familie deines Vaters schwerer hatte. Was erzählte deine Mutter von ihrer Mutter?«

»Meine Großmutter wurde Halbwaise bei ihrer Geburt. Ihre Mutter starb im Kindsbett. Mit drei Jahren bekam sie eine Stiefmutter. Ab dem Alter von vier Jahren hatte sie für ihre Stiefgeschwister zu sorgen. Sie galt als lästiges Mitbringsel des Vaters in die Ehe. Mit zwölf Jahren wurde sie gezwungen das Haus zu verlassen, weil sie ein unnötiger Mitesser sei. Oma begann eine Lehre. Sie arbeitete fleißig, war ehrgeizig, sah gut aus. Es gefiel ihr, beliebt zu sein. Weil sie klug war, wurde sie mit Verantwortung betraut.«

»Sie beklagte sich also nicht über materiellen Mangel. Sie erzählte von emotionalen Verletzungen. Sie hatte nie erfahren, dass sie um ihrer selbst Willen geliebt wird. Welche entscheidende Erfahrung fehlte ihr? Kannst du ihr tiefes Bedürfnis erkennen?«

»Sie erfuhr nie Mutterliebe! Wie sollte sie ihren Selbstwert bestimmen? Wie muss sich ihre Seele nach dieser Liebe gesehnt haben! Die Sehnsucht nach der Begleitung eines liebenden Gottes, wird mir verständlich.«

»Nun verstehst du den Grund, warum deine Großmutter immer begleitet war. Sie erspürte es - unbewusst zwar, aber sie zweifelte nie daran. Die Begegnung mit deinem Großvater nahm sie als Himmelsgeschenk. Er liebte sie um ihrer selbst Willen. Verstehst du, was ich dir erklären möchte?«

»Ich glaube ja. Diese Liebe war ein sehr starkes Band zwischen ihnen. Sie haben sich über alle Konventionen hinweggesetzt. Das arme Stiefkind war in der reichen, angesehenen Familie meines Großvaters nicht willkommen. Der Erste Weltkrieg behinderte das Paar extrem. Er brachte den wirtschaftlichen Ruin. In dem Geist des aufgeheizten, nationalistischen Extremismus standen sie zwischen den Fronten. Meine Großmutter, die Einheimische war katholisch. Mein Großvater, der Migrant evangelisch. Zur Zeit der Geburt meiner Mutter inmitten des Chaos, gab es keinen Platz für Romantik. Liebe ist kein romantisches Gefühl. Sie taugt nicht dazu, sentimentale Erwartungen zu befriedigen. Die Suche nach Liebe ist das Verlangen nach Anerkennung. Die tiefe Sehnsucht danach, ICH sein zu können.

Meine Mutter war kein Wunschkind. Doch meine Großmutter glich einer Löwin, wenn es um ihre Kinder ging. Ihre tägliche Herausforderung bestand darin, das Überleben zu sichern. Der Überlebenswille beherrschte das Geschehen. Gefühle wie Mutterliebe, oder Zeit und Aufmerksamkeit für die Kinder, die sie selbst nie erfahren hatte, vermochte sie nicht an ihre eigenen Kinder weiterzugeben.«

»Wie stand es mit ihrem Glauben? Fand sie Trost, Wärme oder Hilfe?«

»Großmamas Spruch war: Wer einen Vetter im Himmel hat, kommt auch hinein. Sie war abergläubig. Schwarze Katzen oder andere mystische Zeichen erschreckten sie. Sie vertrat die Ansicht ihres Vaters, der Geistliche als Heuchler beschimpfte, die Wasser predigen und Wein saufen. Mein Großvater hielt sich in religiösen Fragen bedeckt. Er achtete auf das Renommee als Geschäftsmann. Das hieß, niemanden vor den Kopf stoßen. Die Traditionen der Vereine und Volksgruppen, Verwandtschaft, Kundschaft, berücksichtigen.«

»War diese Einstellung eine Hilfe für deine Mutter als Kind?«

»Meine Mutter fühlte sich bestimmt verloren. Lob und Anerkennung bekam sie durch ihren Fleiß in der Schule. Die Ordensschwestern gaben ihr großzügig Fleißpunkte in Religion und Handarbeit. Kein Wunder, dass sie den Katechismus auswendig kannte. Das erklärt natürlich, warum sie sich so vor Sünden fürchtete und bei der Beichte lieber zu viele, als zu wenige aufzählte. Die Erfahrung lehrte meine Mutter, dass sie Anerkennung oder Liebe nur durch Fleiß und gewissenhafte Arbeit bekommt.«

»Was erzählte dein Vater über seine Kindheit?«

»Mein Vater verlor im Alter von drei Jahren seinen Vater. Großvater wurde im Ersten Weltkrieg eingezogen. Mein Vater hatte keine Erinnerung an ihn. 1918 fiel er und Großmutter hatte als Kriegerwitwe ihr fünf Kinder alleine zu versorgen. Das Weltbild wurde geprägt von Luthers Lehre, dem Gebot des Gehorsams. Erziehung mit Prügel war normaler Alltag. Bibelsprüche rechtfertigten Schläge: Wer seinen Sohn liebt, sucht ihn heim mit Züchtigung. Die Bildung war Aufgabe der Kirche. Was den armen Kriegswaisen vermittelt wurde, verdient kaum den Namen Bildung. Das Gebot: So etwas gehört sich nicht, regelte die erlaubten und verbotenen Dinge. Erlaubt waren Frömmigkeit, Fleiß, Gehorsam. Meine Großmutter hatte den unbeugsamen Willen, niemals Almosen anzunehmen. Ihr Arbeitstag begann um vier Uhr morgens und endete spät in der Nacht. Mein Vater hatte bereits nach der vierten Klasse, im Alter von elf Jahren eine Lehrstelle anzunehmen. Verpönt war Müßiggang als ›aller Laster Anfang‹. Vergnügungen aller Art und unziemlicher Umgang mit dem anderen Geschlecht gehörte sich nicht. Ehen wurden arrangiert und dabei auf standesgemäße Verbindung größter Wert gelegt. Es zählten die finanziellen Voraussetzungen, Religion und Nationalität. Hoffärtig wurde tituliert, wer nicht mit dem Vorhandenen zufrieden war, sondern nach Erfolg und Ansehen strebte. In der realen Wirklichkeit waren allerdings die Hoffärtigsten doch die angesehensten Zeitgenossen.«

»Schließlich wurde er erwachsen. Was verriet er von der Zeit als Junggeselle?«

»Er verabscheute die Bigotterie dieser Zeit. Die neuen, freiheitlichen Ansichten in der Zeit des wirtschaftlichen Aufschwungs gefielen ihm. Er bewunderte den Mut von Personen, die sich dem Druck der überlieferten Konvention widersetzten. Gerne erzählte er von Lebenslust, Musik und Tanz.«

»Bedenke die Folgen der Begegnung deiner Eltern. Sie kamen aus völlig verschiedenen Traditionen.«

»Der lebenslustige, gut aussehende junge Mann, hat meiner ernsthaften, furchtsamen Mutter sicher sehr gefallen. Ihr Handeln wurde von dem Rausch der Gefühle bestimmt. Die

Konsequenzen daraus definierten ihre Zukunft. Hm ... und natürlich auch meine.«

»Du kommst der Antwort auf deine Frage schon näher. Erinnere dich an Auswirkungen.«

»Eine voreheliche Schwangerschaft galt als Schande. Nach Mutters Glauben war es eine Unkeuschheit, die man beichten muss. Dafür hatte sie nicht den Mut. Für Vater war klar: Sie *mussten* schnellstmöglich heiraten. Mutter war gemäß den Anforderungen der Familie nicht standesgemäß und vor allem nicht evangelisch. Es erging ihr ähnlich wie meiner Großmutter. Sie wurde von der Familie meines Vaters abgelehnt. Zu allem Unglück hatte sie auch keine Zuflucht mehr in der Religion. Sie verheimlichte die Schwangerschaft bis zur Hochzeit. Schuld und Sünde belasteten sie schwer. Ein Gewissenskonflikt, bei dem sie keinen Beistand fand. Ich verstehe nun ihre Verzweiflung. In ihren Augen war ich die Ursache des Unglücks. Sie konnte nicht zu mir stehen.«

»Du hast einen verborgenen Baustein gefunden, der das Tor für die Verlockungen durch einen skurrilen Kult öffnete. Wie wurden weitere Weichen gestellt, bis zu dem Tag, als der Mann aus der Gruppe der Erleuchteten bei euch vorsprach?«

»Mein Vater hatte nach seinen Kriegserfahrungen mehr denn je eine Abneigung gegen Religion und vor allem gegen ihre geistlichen Vertreter. Er wollte nichts von einem Gott wissen, der Gläubige in einen massenmordenden Krieg schickt, für den »gesegnete« Waffen bereit standen. Meine Mutter hatte dagegen die aufrichtige Überzeugung, dass wir unser Überleben dem Schutz Gottes verdankten. Leider fragte sie sich, welchem Gott, dem evangelischen oder dem katholischen. Die Familie meines Vaters fand sich wohlbehalten in der neuen Heimat zusammen. Meine Mutter blieb nach wie vor Außenseiterin. Die Einheimischen waren über die Flut von Flüchtlingen nicht erfreut. Es fehlte an Nahrung, Kleidung und Wohnung. Mutter hatte niemanden von ihrer eigenen Familie in ihrer Nähe. Sie war einsam und isoliert.

»Schau auf das Bedürfnis deiner Mutter. Wonach dürstete ihre Seele?«

»Nach menschlicher Wärme und Aufmerksamkeit. Nach dem Gott, dem sie vertrauen konnte. Sie hat das unerschütterliche Gottvertrauen ihrer Schwiegermutter beobachtet und glaubte, es ebenfalls in der Bibel zu finden«.

»Wie ging es deinem Vater? Was war sein Bedürfnis?«

»Dem Loyalitätskonflikt zu entgehen. Mutter und Großmutter waren Rivalinnen. Als er Kontakt zu der Kommune bekam, fand er Anerkennung. Das Lob für jede Leistung spornte ihn zu immer neuen Anstrengungen an.«

»Das Vertrauen deiner Eltern zu gewinnen, war für die Werber der Kummune ein leichtes Spiel. Beide suchten Anerkennung. Wenige Argumente genügten, um sie zu überzeugen, dass die Religion ihrer Abstammungsfamilien falsch ist. Die ausgeklügelten, scheinbaren Beweise, dass die geisterkannte treue Führung über die absolute Wahrheit verfügt, wirkte wie

Sekundenkleber, der sie untrennbar mit der Kommune verband. Ich gebrauche dieses Bild zur Veranschaulichung für dich.«

In der Zwischenzeit hatte die Kriminalpolizei Sven erreicht. Er ist Verkäufer für Herrenbekleidung in einem Kaufhaus. Ungläubig las er den Abschiedsbrief seiner Frau. Er schüttelt immer wieder den Kopf, als könne er nicht erfassen, was er las. »Aber wieso hat sie mir nichts davon gesagt? War es ihr denn egal, was sie mir damit antut? Wie soll ich das unserem Sohn erklären? Ich verstehe es einfach nicht.« Fassungslos stützte er seinen Kopf in beide Hände. Hauptkommissar Lehmann ließ ihm Zeit. Schließlich fragte er: »Ist ihnen heute Morgen etwas aufgefallen? War ihre Frau anders als sonst?«
Sven schien wie versteinert. Tonlos antwortete er: »Nein, nichts. Sie war wie immer. Wir haben gemeinsam gefrühstückt und ich bin wie immer um 7.15 Uhr aus dem Haus. Um acht Uhr fängt meine Frühschicht an. Wo ist meine Frau jetzt? Ist sie tot?«
»Sie ist schwer verletzt. Sie wurde ins Zentralklinikum gebracht. Sind sie in der Lage, mir noch eine Frage zu beantworten?« »Ich denke schon.« Sven nickt.
»Von welcher Schuld spricht ihre Frau in dem Brief? Welche Pillen hat sie genommen?«
»Das ist die Schuld dieser verfluchten Bande, die sich die geisterkannte treue Führung nennt«. Verzweifelte Wut bricht

plötzlich aus dem Mann heraus. »Die haben mit ihrem Tribunal unsere Familie zerstört! Sie haben es zu verantworten, dass meine Frau unter Depressionen litt. Sie haben ihr eingeredet, dass Jachwé Demut und Gehorsam fordert. Natürlich nutzten die Pillen nicht, die ihr die Hausärztin verschrieben hatte. Die eingravierte Schuld in der Seele können Pillen nicht vertreiben. Kriminelle Ausbeuter sind das. Religion, Liebe, christlich - ha! Alles Tarnung! Sie reden von liebevoller Schutzvorkehrung. Dabei gehen die über Leichen. Mein Klärchen ist nicht das erste Opfer ihrer eiskalten Vernichtungslehre. Ich weiß von vielen, die sich umgebracht haben. ...

Warum habe ich nicht verstanden, wie sehr sich meine Frau das Tribunal zu Herzen genommen hatte? Warum habe ich ihre Verzweiflung nicht ernst genommen? Warum konnte ich nicht sehen, dass sie so ehrlich an das glaubt, was diese Religionsverdreher alles zur Sünde erklärten? Ich muss jetzt zu meiner Frau.«

Nach diesem heftigen Gefühlsausbruch hatte Sven nur ein Ziel: Er wollte so schnell als möglich ins Klinikum. Dort war alles Menschenmögliche getan worden, um das Leben dieser offenbar verzweifelten Frau zu retten. Man hatte sie auf die Intensivstation verlegt, wo sie nach wie vor im tiefen Koma lag und von den lebenserhaltenden Geräten versorgt wurde.

Ihr nichtstofflicher Körper blieb in der Kommunikation mittels Energieaustausch. Alle Informationen, die er aufnehmen konnte, waren frei von Schmerzen. Es gab keine Bedrohung durch Schuld. Das Gefühl, es gibt für alles eine plausible Erklärung, ermutigte zu der alles entscheidenden Frage: »Was ist mit mir? Warum habe ich niemals das Glück verspürt, das alle Erleuchteten haben, wenn sie aufrichtig glauben?« Klaras Seele wollte ihre eigene Schuld erkennen. Sie stellte sich dem göttlichen Urteil von Gut und Böse, um in Zukunft gut zu sein, oder für immer die stoffliche Welt zu verlassen.

Sehr langsam öffnete sich die Türe des Raumes, in den ihr Körper zur Intensivpflege gebracht wurde. Da kam niemand vom Pflegepersonal oder den Ärzten. Diese waren bei ihrem Tun stets in konzentrierter Eile. Es war Sven, der den Raum zögernd betrat. In der sterilen Schutzkleidung fühlte er sich offensichtlich unsicher. Die Person, die in dem Pflegebett lag - verbunden wie eine Mumie - konnte er unmöglich als seine Frau wahrnehmen. Klara kannte Svens Haltung nur zu gut. Er hatte Angst, die er nicht zeigen wollte. Er kämpfte sie mit jedem Schritt, mit dem er sich Klara zaudernd näherte, nieder. Hilflos wie ein verlassenes Kind, stand er vor der Bewusstlosen. Offensichtlich hatte er nur eine fassungslose Frage: Warum hat sie das getan? Klaras anwesende Seele spürte seine Gedanken. Es war Anklage. Weder Mitgefühl noch Verständnis. Trotzdem berührte er den dicken Verband ihrer Arme mit dem die Ärzte die zertrümmerten Knochen, Schrauben und Metallplatten fixiert hatten.

Sven fand keine Worte für den leblosen Körper seiner Frau. Nur das leise, stetige Zischen der Beatmungsmaschine erfüllte den Raum. Sven starrte verwirrt auf die Linien der Monitore und die Schläuche, durch die Flüssigkeit in die Venen der Patientin tropfte. Die Zeit stand bleiern im Raum. Sven fühlte sich außer Stande, einen vernünftigen Gedanken zu fassen. Er wusste nicht, wie lange er reglos neben Klaras Bett gestanden hatte. Er war erleichtert, als eine Krankenschwester ihn bat, zu gehen. »Wann Ihre Frau wieder zum Bewusstsein kommt, ist nicht absehbar«, sagte sie und versprach, ihn sofort zu verständigen. Wie betäubt verließ Sven die Klinik. Ich muss es Peter sagen. Dieser Gedanke brachte Sven in die Realität zurück.

Klaras externes Bewusstsein konstatierte: Wie soll er verstehen, warum ich nicht mehr leben will? Ich verstehe selbst nicht, warum ich dem Bild nicht entsprechen kann, das er und ich von mir haben?

10 Klara fragt, wer bin ich?

»Wer bin ich in Wirklichkeit, Baba-Bewit? Wurde ich zu Recht für die ewige Abschneidung bestimmt?«

Klaras außerleibiges Selbst dachte die Fragen. Die Antwort war der Gedanke: »Nach damaliger Tradition und Weltsicht warst du ein Bankert, ein Hurenkind. Für deine Mutter eine stete Mahnung an ihre Sünde. Sie gab dir unbewusst die Schuld für

Ablehnung, Ausgrenzung und nicht zuletzt für die Ehe als Muss.«

»Ich verstehe. Meine Mutter hat mir gegenüber ihre Pflicht getan. Aber lieben konnte sie mich nicht. Ich frage mich, wie hat sie diesen extrem schlimmen psychischen Druck ertragen? Sie erfuhr von allen Seiten unterschwellige Verurteilung. Wann wurde sie gelobt?

Wenn ich besonders gut war, wurde ich gelobt. Doch in der Regel fühlte ich mich nicht gut genug. In der Kommune lebten wir in dem Glauben, die Wahrheit zu besitzen. Für meine Mutter war der wahre Glauben das Wichtigste. Die geistgeleitete, treue Führung regelte alles in unserem Leben. Wir wussten genau, wann wir richtig handelten. Ich lernte gewissenhaft, die Regeln einzuhalten. Ich strengte mich an, um Lob für gute Taten zu bekommen. So erwarb ich den Ruf, eine treue Dienerin der Geisterkannten zu sein. Sven achtete mich darum. Er konnte sich darauf verlassen, dass ich Regeln beachtete. Das war nicht zu letzt auch entscheidend für seine Stellung innerhalb der Kommune. Wir haben leider nie hinterfragt, ob das auch unserer Persönlichkeit entsprach. Wir glaubten beide, dass die Regeln und der Gehorsam wichtiger sind als persönliche Wünsche, wenn wir Gott gefallen wollten«.

Klaras außerleibiges Selbst dachte eine wichtige Frage: »Kann ich daraus die Antwort ableiten, warum mir das Glücksgefühl fehlte, dass die Treue Führung als Merkmal für den rechten Glauben propagiert?«

»Ich hatte keine Möglichkeit, mich selbst kennen zu lernen. Ich war ein Konstrukt der Kommune. Darum fanden Sven und Peter kein Verständnis für meinen Kummer.«

»Glaubst du, dass es nur dir so erging?«, erfühlte sie die Frage von Baba Bewit.

»Nein«, stand augenblicklich in Klaras Selbst die Antwort fest. »Das bedeutet aber auch, dass ich mich nicht schuldig fühlen muss. Es sei denn, ich lasse jetzt, mit meinem Wissen, Sven und Peter allein. Aber wie finden wir als Abgeschnittene zu Gott, ohne die Führung der Geistgeleiteten?«

»Du musst Gott nicht finden. Er hat dich längst gefunden. Er braucht keine Menschen, die stellvertretend für ihn beleidigt sind und richten, verurteilen und morden. Der schöpferische Ur-Geist drückt sich ständig durch sein Wirken aus. Er schafft sich die Instrumente, mittels derer er sein Wirken fühlbar wiedergibt. Sein Wirken im Jetzt bedingt die Würde des Universums, des Menschen, des Tieres, der Pflanzen. Alles Wirken und lebendige Werden verknüpfen Menschen mit Gott. Es spielt keine Rolle, welche Bezeichnung sie verwenden. Die Urquelle des Seins ist in sich selbst ruhend und unveränderbar.«

11 Wer ist Gott?

Dieses überraschende Wissen verblüffte Klara.

»Wer ist Gott dann? Wie ist sein Name?«, dachte sie voller Wissbegierde. Baba-Bewit hüllte sie ein in Wärme und Licht und lenkte sie an die Grenze ihrer Wahrnehmungsmöglichkeit. »Kannst du den Horizont erkennen?« Lautete ihre Botschaft. Klara versuchte es. »Nein, das Licht und die Weite sind mehr, als ich erfassen kann.« »Du befindest dich in der Dimension, die noch Verbindung zu stofflichen Wesen erlaubt. Wenn du diese Dimension verlässt, erreichst du die Unendlichkeit. Sie ist mit eurem Verstand nicht messbar. Dort ist die Zeit aufgehoben, selbst die Äonen, die unausdenkliche Vorzeit oder die ununterbrochene Zukunft sind im Sein des Ewigen verschmolzen. Welchen Namen aus Eurem Wortschatz könntest du für Gott wählen, ohne ihn zu verkleinern und auf irdische Dimensionen zu reduzieren?«

»Die Geistgeleiteten Sagen er heißt Jachwé.«

»Das ist kein Name. Es ist der Versuch einer Beschreibung für sein Dasein. Ich bin, der Ich bin, steht für Ewigkeit. Die Beschreibung vereint auch das männliche und weibliche Element. Für ihn gibt es keine Zeit als Maßangabe. Er ist, war und wird sein,« übersetzte Baba-Bewit.

»Nutze die Zeugnisse der Weisheit, die seit Entstehung des bewussten Lebens von Generation zu Generation weitergegeben wurden. Die Schätze des Wissens sind aufbewahrt. Die ersten Malereien der Höhlenbewohner sprechen zu euch. Die Bibliotheken und Museen beherbergen Zeugnisse der Weisen. Wissenschaftler und Philosophen gaben ihre Erkenntnisse weiter. Überprüfe sie und füge sie zusammen.

Sind sie Fortschreibung und Weiterentwicklung? Wie werden sie verbreitet? Lautstark verbunden mit Drohbotschaften und der Forderung nach Gehorsam und Unterwerfung oder harmonieren sie mit der Logik der Freiheit?«

»Du meinst, es gibt viele Wahrheiten? Hat Gott sie nicht einem einzelnen Menschen geoffenbart? Du meinst, Gott braucht keine Konfession um sein Wort der Wahrheit zu verkünden?«

»Finde es heraus. Finde heraus, wer du bist, lerne, auf die Botschaft deines Herzcodes zu hören. Er ist die Stimme deines Gewissens. Der Zugang zu der universellen Weisheit, die in deinem Unbewussten gespeichert ist.«

»Mein Gewissen klagt mich an. Viele Male hielt ich Regeln nicht ein.«

»Das ist nicht dein Gewissen. Das ist ein Polizist, der dir in den Kopf gesetzt wurde. Die Menschen haben Regeln erdacht und die Übertreter zu Sündern erklärt. Menschen formten ihre Lehrmeinung zu Dogmen. Sie gestalteten sie zu Instrumenten der Kontrolle. Für ungehorsame Abweichler entwickelten sie strengste Strafen. Dieser Sündenkatalog funktioniert wie ein Polizist im Kopf. Er überwacht jede deiner Handlungen und Gedanken und beurteilt dich mit der Abfrage, ob sie mit den Regeln kompatibel sind. Regeln, die von Menschen erdacht wurden, die herrschen und kontrollieren wollten, widersprechen dem Geschenk der Freiheit des Ewigen. Das echte Gewissen ist wie ein Kompass. Wie funktioniert er?«

»Ich benütze ihn, wenn ich mich orientieren möchte. Ich schaue auf die Richtung, die er anzeigt, und entscheide, welchen Weg ich einschlage.«

»Genau. Er berät dich nur, wenn du ihn fragst. Er schreibt dir nichts vor. Er hat keine Antworten festgelegt, bevor du eine Frage stelltest. Die Entscheidung liegt bei dir und damit auch die Verantwortung. Er gibt dir keine Schuld und droht dir nicht mit Unglück oder Strafe. Du handelst selbstbestimmt.«

Wahrlich, eine völlig neue Perspektive des Seins, spürte Klare völlig überrascht.

12 Klara wird leben.

»Ich darf Sven und Peter nicht verlassen. Ich will bleiben und für unsere Freiheit kämpfen.«

Die Entscheidung fiel augenblicklich: Klaras außerleibiges Selbst wollte sich mit dem Körper vereinen. »Ich kann nicht bestimmen, was uns die Zukunft bringt. Zu einem bin ich entschlossen: Ich lebe nicht mehr ängstlich nach dem Willen Anderer. Was ich verändern kann, werde ich verändern. Ich bin entschlossen, den Weg zu finden, der mir inneren Frieden bringt.

Die Monitore, die ihre Körperfunktionen überwachten, zeigten plötzlich erhöhte Aktivitäten. Der herbeigeeilte Arzt entschied, die Bewusstlosigkeit zu diesem frühen Zeitpunkt noch nicht zu beenden. Er ordnete an, den Kreislauf und den Körper durch ein künstliches Koma zu entlasten.

In den folgenden Tagen übernahmen die Ärzte die Kontrolle über Klaras Lebensfunktionen. Sie dosierten das Narkosemittel so gering wie möglich und so hoch wie nötig. Sie gewannen damit ausreichend Zeit, Kraft für die Heilung der Verletzungen zu bündeln.

Klaras behandelnder Arzt versicherte ihrem Mann nun endlich, dass der Zustand seiner Frau stabil ist. Die Lebensgefahr ist gebannt. »Wir wollen sie noch eine Weile im künstlichen Koma halten. Sie wird für die Rehabilitation viel Kraft brauchen.«

»Wird es bleibende Schäden geben?« Fragte Sven besorgt. Verständlich, ihn quälte die Sorge um die Zukunft.

»Leider ist eine endgültige Prognose derzeit noch nicht möglich. Wir müssen abwarten.« Abwarten - genau das zerrte unerträglich an Svens Nerven. Die Wohnung wirkte ohne sein Klärchen gähnend leer. Er entkam Peters vorwurfsvollen Blicken nicht. Sven kannte seinen Sohn. Ihm war die Spannung der vergangenen Monate zwischen den Eltern nicht entgangen. Der stumme Vorwurf traf mitten ins Herz. Es gab so viele *warum, warum, warum.*

Die Schlagzeile in der Tageszeitung mutierte zum Tagesgespräch: 42-jährige überlebt Selbstmordversuch schwerstverletzt. Warum wollte die Verzweifelte so früh sterben?

Sven erklärte jedem, der ihn darauf ansprach: »Sie hatte schwere Depressionen.« Diese Antwort genügte selbst ihm nicht. Wo lag die Ursache der Depression? Warum halfen die Medikamente nicht? Er begann, im Internet zu recherchieren. Er fand Fachausdrücke wie: Posttraumatische Belastungsstörung, posttraumatische Angststörung, eventuell gemischt mit depressiven Reaktionen oder andauernde Persönlichkeitsveränderung durch sektenspezifische Manipulation.

Wieder und wieder las Sven den Abschiedsbrief. Der Satz, Freundschaft mit der Welt wäre ein Vergehen, beschäftigte ihn. Es gab keine Kontakte, kein Mitgefühl, keine Nachfrage, wie es ihm geht, von den Geisterkannten. Sie predigten doch, die Nächstenliebe. Gab es einen wichtigeren Grund sie zu praktizieren, als dieses Unglück?

13 Sexuelle Bedürfnisse instrumentalisiert.

Mitgefühl erfuhren Sven und Peter von Nachbarn, Arbeitskollegen, Verwandten die nicht zu den Geisterkannten gehörten. Selbst ihre sprachlose Betroffenheit signalisierte Anteilnahme. Eine zentrale Frage drängte in den Mittelpunkt seiner Gedanken: Waren die Geisterkannten eine Sekte? Verändern sie durch Manipulation die Persönlichkeit?«

Wieder hielt Sven den Abschiedsbrief in der Hand und fragte sich: Was meint sie mit: »Doch musste ich meine eigenen Gefühle abtöten«? Über Gefühle haben wir nie gesprochen, überlegte er. Ich bemühte mich gewissenhaft, eine reine Ehe zu führen. Die wichtigste Voraussetzung, um für eine Position im Ältestenrat geeignet zu sein. ›diese Stellung erreicht ein Mann nur, wenn die Frau Rücksicht auf seine Bedürfnisse nimmt‹, dachte er verzweifelt.

Levitikus Kapitel 15 kam ihm in den Sinn. Ein unwillkürlicher Samenerguss bedeutet, der Mann ist unrein. Das Wort »unrein« oder »Unreinheit« ist in diesem Kapitel mehr als vierzig Mal enthalten. Die Frau ist in ihrer Menstruation unrein. Alles, was sie berührt wird unrein. Jeder Ausfluss ist unrein. Die Unreinheit zu verhindern ist ein christliches Erfordernis an Mann und Frau.

Christus schloss mit seinen Jüngern zwar einen neuen Bund. Die Pflicht, Sündopfer und Brandopfer zum Priester zu bringen, wurde aufgehoben. Die Unreinheit war damit nicht aus der Welt geschafft. Die überwiegende Zahl der Abgeschnittenen wird wegen ihrer sexuellen Begierden aus der Kommune der Geisterkannten entfernt. Wie kommt es, dachte Sven, dass Gottes Wort wortwörtlich zu verstehen ist, weil es von Gott diktiert wurde, aber die Geistgeleiteten selektieren es? Teile des Alten Testamentes sind durch den Neuen Bund aufgehoben, andere dagegen nicht. Wessen Entscheidung war das?

Sven wehrt den Gedanken ab, dass sie in ihrer Ehe versagt haben könnten. Der Kampf um die Reinheit verlangte Selbstverleugnung und Selbstbeherrschung. Unbändige Wut überkam ihn. Er fühlte sein bisheriges Weltbild ins Wanken geraten. Kann ich Klara in dieser Sache Recht geben?, überlegte er. Ist es denkbar, auf seine eigenen Gefühle zu hören und trotzdem die Ratschläge des heiligen Buches zu befolgen? Wieso empfinde ich kein Glück wenn ich um Reinheit kämpfe?

Weit nach Mitternacht ging Sven endlich ins Bett. Er träumt von dem vergeblichen Versuch, einen Sitzplatz bei einem Vortrag zu finden. Klara ist verschwunden. Bei der Essensausgabe kommt er zu spät. Es ist kein erholsamer Schlaf. Bleierne Müdigkeit lähmt ihn. Doch der Wecker ist unbarmherzig.

14 Peter der Sünder

Peter spricht nicht mit seinem Vater. Er versucht, die bisherigen Verbote zu brechen. Zum Beispiel liest er Informationen auf Webseiten kritischer Ex-Mitglieder der Kommune. Sie berichten in Foren von ihren Erfahrungen und Gefühlen. Für Peter ist es, als lese er seine eigene Geschichte.

Jemand schreibt, er fand es ätzend, in der Schule wegen der Religion ausgegrenzt zu sein. Peter denkt frustriert: Wie gerne wäre ich wie die anderen Kinder gewesen! Die Eltern erklärten, ich sei etwas Besonderes, weil die Geisterkannten anders sind und sein müssen. Ich fühlte mich schrecklich. Meine Klassenkameraden hänselten mich, wenn ich

Geburtstagsgeschenke ablehnte. Nahm ich sie heimlich an, hatte ich ein schlechtes Gewissen. Jachwé sah es und der Teufel freute sich. Um die Geburtstagsständchen beneidete ich meine Mitschüler. Ich hatte solche Lust, Osterbilder zu malen. Ich durfte es nicht. Mein Vater beschwerte sich bei der Schulleitung, wenn die Lehrer es mir erlaubten. Ich wollte meinen Eltern keinen Kummer machen. Ich bemühte mich, tapfer zu sein. Meine Eltern achteten sehr streng darauf, die Gebote einzuhalten. Sie befolgten alles, was die geistgeleitete Führung lehrte. So sehr ich mich auch anstrengte, ich schaffte es oft nicht. Darum wusste ich, dass ich für das ewige Paradies nicht würdig bin.

Meine Eltern sagten, ich sollte stolz darauf sein, dass ich besser bin als meine Mitschüler. Schließlich sei ich im Besitz der alleinigen Wahrheit. Ich konnte nicht stolz sein. Nein, ich war eher wütend. Manchmal auch einfach nur traurig.
Am Arbeitsplatz war es nicht besser. Ich fühlte mich wie ein Außerirdischer. Ich kann nicht bereuen, dass ich beim Betriebsausflug meiner Arbeitskollegin nahe sein wollte.

Ich wusste, dass es zu Hurerei führen wird. Aber das Gefühl war stärker. Ich ließ es einfach geschehen. Ich spürte bei ihr eine Wärme, von der ich zuvor nichteinmal geträumt hatte. Wäre unserer Familie Kummer erspart geblieben, wenn ich diese Sünde dem Ältestenrat nicht gebeichtet hätte? Peter bereute seine Verfehlung nicht, doch die Schuld, dass seine Eltern seinetwegen litten, bedrückte ihn.

Der Ältestenrat stellte die Bedingung, dass er echte Reue gepaart mit Werken zeigt. Sie forderten Demut und vermehrten Dienst. Peter weigerte sich, wenige glückliche Augenblicke zu bereuen. Dafür wurde er aus der Gemeinschaft ausgestoßen und von den Lebenden abgeschnitten. Die Kommune betrachtete ihn als geistig Toten.

Für seine Eltern eine Katastrophe. Peter fühlte sich schuldig. Durch ihn gerieten sie in das Fadenkreuz der Kritiker. Die Tatsache nun ebenfalls abgeschnittene Abtrünnige zu sein, traf sie wie der Blitz aus heiterem Himmel. Das Leid und verzweifelte Ringen, um ihren Glauben zu beobachten, quälten Peter.

Wütend und unfähig, mit seinen Schuldgefühlen umzugehen, probierte er alles Verbotene aus. Er beschloss, in Diskotheken zu gehen. Er wollte wissen, wie sich betrunken sein anfühlt. Beim Sex wollte er nicht mehr fragen, ob es Sünde ist. Doch die Gedanken ließen sich nicht betäuben. Je exzessiver er in der früher verbotenen Szene agierte, desto dringender brauchte er die Betäubung des Alkohols.

Das schien die Warnungen der geistgeleiteten Führung zu bestätigen. Die Welt ist schlecht und wer sich mit Weltlichen einlässt, dem wird es schlecht ergehen. Die Schuldgefühle mahnten ihn unerbittlich. Peter war außer Stande, seine Mutter in der Klinik zu besuchen. Ein Teufelskreis mit abwechselnd Panikattacken, Resignation, Verzweiflung und dem Gefühl unmittelbar vor dem Abgrund, dem sicheren Verderben zu stehen, hielt ihn gefangen. Jeden Versuch seines Vaters, mit ihm zu reden, wehrte er mit einem harschen: »Lass mich einfach in Ruhe, ok« ab.

15 Klara findet zurück ins Leben.

Sven versuchte, seine Gefühle mit der Alltagsroutine im Griff zu behalten. Am Arbeitsplatz funktionierte er. Notdürftig versorgte er die Haushaltsangelegenheiten. Die täglichen Besuche in der Klinik, kosteten anfangs Überwindung. Mit der Zeit fielen sie ihm leichter. Ohne den dicken Verband am Kopf war Klaras Anblick nicht mehr so beklemmend. Die anfängliche Schockstarre wich dem Wunsch, dass sie wieder völlig gesund werde. Er begann, ihr von seinen Gefühlen zu erzählen. Das tat ihm gut, obwohl er davon ausging, dass sie nichts von dem verstand, was er sagte. So verstrichen quälende Wochen. Endlich erklärte der behandelnde Arzt, es sei an der Zeit die künstliche Narkose langsam zu beenden. Die Medikamente wurde in der Dosis verringert und die Phase des Aufwachens eingeleitet. Klara atmete wieder selbstständig. Die erste Hürde war genommen.

»Willkommen zurück im Leben«, sagte der Arzt in aufmunterndem Ton, als sie die Augen öffnete. »Was ist passiert?« Fragte Klara verwirrt.

»Sie haben für einigen Wirbel gesorgt. Das wird schon wieder«, war die ausweichende Antwort. Klara nahm sie kaum wahr. Sie dämmerte in den Schlaf. Sven blieb an ihrem Bett. Er wusste, Klara brauchte ihn bei ihrer Rückkehr ins Leben.

Es lagen schwierige Tage vor ihnen. Klara war desorientiert. Ihr Kreislauf spielte verrückt. Sie hatte Schweißausbrüche und Panikattacken. Sie fühlte sich bedroht und verfolgt von einem Tribunal der Kommune und von Dämonen, die sich ihrer bemächtigen wollten.

Die Betreuung auf der Intensivstation war abgeschlossen. Sofort begannen die Physiotherapeuten ihre Arbeit. Ein intensives Training zum Muskelaufbau startete. Die Wiederherstellung der Funktion ihrer Hände erforderte geduldiges Üben. Um die körperliche Rehabilitation kümmerte sich das professionelle Team aus allen Disziplinen.

Der Zeitpunkt kam um die entscheidende Frage nach der psychischen Verfassung zu stellen. Frau Dr. Richter, die an jenem Tag im Zug saß, nahm sich der Genesenden persönlich an.

An einem Mittwochnachmittag wurde Klara in ihre Ordination gebracht.

»Guten Tag Frau Munich. Wie geht es Ihnen?«, begrüßte sie Klara freundlich. »Danke ganz gut soweit« antwortete Klara wenig enthusiastisch.

»Willkommen zurück im Leben«, sagte auch Frau Dr. Richter.

»Sind Sie bereit, mir einige Fragen zu beantworten?« Klara zuckte mit den Schultern, sagte aber leise »ja«. »Erinnern Sie sich an den Tag, als sie beschlossen haben, ihr Leben zu beenden?« Klara nickte stumm.

»Ich denke, niemand trifft eine so schwerwiegende Entscheidung ohne einen Grund, der wichtig genug scheint. Vor allem nicht wenn er einen anderen Ausweg sieht. Ich würde gerne Ihren Grund verstehen. Möchten Sie ihn mir erklären?«

Klara bezweifelte, dass die Psychologin ihre Lage verstehen würde. Weltliche haben keine Ahnung, erinnerte sie sich an ihre bisherigen Erfahrungen. Auf verständnisloses Kopf schütteln oder geheucheltes Mitgefühl kann ich verzichten, dachte sie. Andererseits sehnte sie sich nach Empathie und Zuwendung. Mit jemandem reden zu können, der sie nicht verurteilt oder für verrückt erklärt, schien verlockend. Sie hatte nichts zu verlieren. Es ist einen Versuch wert, dachte sie.

Nach einer langen, nachdenklichen Pause erzählte Klara stockend: »Ich bin von unserem Rechtstribunal aus der Gemeinde der Geistgeleiteten abgeschnitten worden. Ich gehorchte nicht demütig genug. Ich wollte meinen Sohn nicht verstoßen. Zu den Geisterkannten gibt es kein zurück. Ich bin für die ewige Verdammung bestimmt. Das kann ich akzeptieren. Mein Mann und mein Sohn verstehen meinen Kummer nicht. Das will ich nicht länger ertragen. So kann ich nicht weiterleben.«

Frau Doktor Richter ist eine erfahrene Psychologin. Obwohl sie nicht versteht, was ihr die Patientin sagen will, erkennt sie die Verzweiflung und die scheinbare Ausweglosigkeit, die sie beschreibt. Sie ist sensibel genug um hinter der Aussage: ›So kann ich nicht weiterleben‹, zu erkennen, dass die Gefahr eines erneuten Suizidversuches noch nicht gebannt ist.

Vorsichtig geht sie darum so ehrlich wie möglich auf die Patientin ein: »Vielleicht geht es mir ähnlich wie ihrem Sohn und ihrem Ehemann. Ich glaube, dass ich nicht alles verstehen kann, was Sie mir eben gesagt haben. Ich möchte erreichen, dass Sie verstanden werden. Mein Vorschlag ist darum eine Psychotherapie. Ich verspreche Ihnen, wir suchen ehrlich nach Verständnis und nach möglichen Lösungen für Sie. Wenn Sie möchten, beziehen wir gerne Ihre Familie mit ein. Wollen Sie es versuchen?«

Die entwaffnende Offenheit ließ Klaras instinktive Skepsis gegen jedes Angebot einer Therapie schmelzen. Angesichts ihrer verzweifelten Suche nach Verständnis, erschien ihr das Angebot wie eine himmlische Fügung.

Unerklärliche Gedanken in ihrem Sinn, sprachen für eine Therapie. Vielleicht fand sie heraus, ob sie beauftragt ist, ihrem Mann und ihrem Sohn eine Botschaft zu vermitteln. Verfolgten sie Halluzinationen oder Alpträume? Klara sah keine Alternative. Sie nahm das Angebot an. Sie gab sich einen sichtbaren Ruck. Ihre veränderte Haltung drückte Entschlossenheit aus. Sie antwortete: »Gut, ich bin einverstanden. Danke, ich nehme Ihren Vorschlag an.«

»Sehr gut«, sagte Frau Dr. Richter zufrieden. »Ich will alles Nötige mit meinen Kollegen besprechen und einen Therapieplan erarbeiten.« Sie verabschiedeten sich und der Pfleger brachte Klara in ihr Krankenzimmer zurück.

Frau Dr. Richter blieb lange sehr nachdenklich an ihrem Schreibtisch sitzen.

Bei der morgendlichen Besprechung setzte sie das Kollegium von ihrer Beurteilung Klaras in Kenntnis.

»Aus meiner Sicht ist die Patientin nach wie vor suizidgefährdet. Sie scheint bereit zur Neubewertung ihrer Entscheidung. Sie spricht von Verdammungsängsten, die nach meiner Einschätzung einen religiösen Hintergrund haben. Sie hat offensichtlich in einem geschlossenen, religiös-fundamentalistischen System gelebt, dessen Indoktrination und psychische Beeinflussung ich derzeit nicht durchschaue. Es scheint auch innerfamiliär unterschiedliche Meinungen zu geben. Ich plädiere für eine Verlegung in das BKH, um genauer abzuklären, ob wir von Wahnvorstellungen oder religiöser Neurose ausgehen müssen. Wie ist ihr Allgemeinzustand?«

»Die neurologischen Untersuchungen sind ohne Befund. Wir haben keine Hinweise auf Schizophrenie oder Hirnstoffwechselstörungen,« erklärte der Neurologe.

»Internistisch gibt es keine Einwände gegen eine Verlegung. Die nötigen physiotherapeutischen Anwendungen bietet auch das Bezirkskrankenhaus«, war die Meinung des Stationsarztes, worauf sie einstimmig eine Verlegung beschlossen.

Frau Dr. Richter informierte Klara. Sie reagierte enttäuscht. »Ich erwartete, dass Sie meine Therapeutin sind.«

»Bitte haben Sie vertrauen«, beruhigte sie die Ärztin. »Sie sind im Bezirkskrankenhaus in sehr guten Händen. Eine Psychotherapie, wie ich sie für nötig erachte, ist an unserem Klinikum nicht durchführbar«.

16 Die Herausforderung einer psychiatrischen Klinik.

Nervös und misstrauisch verlief die Aufnahme im BKH und das Anamnese-Gespräch. Klara bestätigte kurz und knapp die

Angaben zu ihrer Person und den Grund ihrer Einweisung. Auf Fragen antwortete sie wortkarg oder lediglich mit ja oder nein. Dr. Lukas, Oberarzt der Psychiatrie, registrierte die Skepsis. Er ließ es dabei bewenden. Nach der Lektüre der Krankenakte war ihm klar, dass die Therapie eine Herausforderung darstellte. Er veranlasste die Aufnahme auf Station 1, der Abteilung für Psychotherapie und Psychosomatik.

Bevor der Therapieplan erarbeitet wurde, standen die ersten diagnostischen Erhebungen an.
Bei dem allmorgendlichen Kolloquium fasste man alle Ergebnisse zusammen. Dr. Lukas stimmte der Einschätzung seiner Kollegin zu, die auf den Zusammenhang zwischen der spirituellen Prägung und dem Suizidversuch verwies.
»Es ist doch immer das gleiche Muster« gab Frau Dr. Redlich zu bedenken: »Die Leute steigern sich in einen religiösen Wahn und finden dann keinen Ausweg mehr. Freud hatte doch Recht, wenn er sagt, dass Religion eine kollektive Zwangsneurose ist. Ein regressiver Wunsch nach dem Schutz eines übermächtigen Vaters.«

»Durchaus möglich, dass es auch auf diese Patientin zutrifft. Sie wird sich nur öffnen, wenn wir ihre Ansichten würdigen«, gab Dr. Lukas zu bedenken. »Das setzt voraus, dass wir versuchen sie in ihrer persönlichen Situation anzunehmen. Carl G. Jung geht davon aus, dass in jedem Menschen eine natürliche

Religiosität wohnt. Er nennt sie eine der frühesten Äußerungen der menschlichen Seele. Auch Viktor Frankl unterstreicht die dreidimensionale Sicht des Menschen.«

Frau Dr. Ritter, Oberärztin der psychotherapeutischen Abteilung, wollte abwehren:»Wir haben doch schon vier Patienten mit kruden religiösen Fantasien auf der Station. Es ist für einen normalen Menschen schwer zu ertragen, bei den skurrilsten Weltbildern neutral zu bleiben. Ich reagiere schon fast allergisch darauf.«

»Verehrte Kollegin, was raten Sie ihren Patienten, die ihre Ängste und Phobien überwinden wollen? Vermeiden oder konfrontieren?« Schmunzelnd stellte der Oberarzt diese rhetorische Frage.»Uns allen ist das Phänomen des Übertragungs- und Gegenübertragungsphänomens bewusst. Wir haben es hier mit religiösen beziehungsweise antireligiösen Aspekten zu tun. Ok, wir zählen uns zu den modernen, wissenschaftlich orientierten Menschen. An der Uni haben wir Vorträge gehört, dass die Wissenschaft Glauben oder die Transzendenz nicht mehr benötigt. Alles muss wissenschaftlich beweisbar, verifizierbar, falsifizierbar sein. Es ist nach meiner Meinung ein idealisiertes Weltbild. Es ist uns Wissenschaftlern nicht gelungen, auf alle Fragen eine beweisbare Antwort zu liefern. Ich plädiere dafür, dass wir eine abweichende Meinung von unserem idealisierten Weltbild nicht als persönliche Kränkung nehmen. Ich schlage vor, wir stellen uns dieser speziellen Herausforderung. Die Problematik darf in der klinischen Praxis nicht tabu sein.

Derzeit sind fünf Klienten auf der Station, die möglicherweise religiöse Neurosen entwickelt haben. Wir sind gehalten, uns auf sie einzulassen. Freud und Feuerbach veröffentlichten ihre Theorien. Wir fragen: Stimmen sie? Ist Religiosität nur ein infantiles Relikt bei Personen, die sich weigern, zum Stadium des selbstverantwortlichen Erwachsenen zu kommen? Haben wir Psychotherapeuten die Deutungshoheit in Fragen der Weltanschauung? Muss Wissenschaft und Religion sich zwangsläufig gegenseitig ausschließen, wie es Freud behauptet? Wenn Religiosität eine Kindheitsneurose ist, und sich auswachsen muss, wie der kindliche Glaube an den Weihnachtsmann, stufen wir zukünftig alle gläubigen Menschen als pathologisch gefährdet ein? Langer Rede kurzer Sinn: Mir ist die Sache wichtig. Sie lässt mir keine Ruhe«, sagte der Oberarzt.

»Aber Sie erwarten doch nicht ernsthaft, dass wir uns mit diesem magischen Micky-Maus-Denken auseinandersetzen«, protestierte eine Therapeutin in der Runde.

»Ich denke, es gehört zu unserer Aufgabe als Therapeuten, wenigstens ein spezifisches Grundwissen über die religiöse und weltanschauliche Sicht unserer Klienten zu haben. Anders ist eine authentische Kommunikation über ihre Probleme, seien es Leiden, Schuldgefühle, Ungerechtigkeiten, Sinnsuche oder Ansichten zum Tod, nicht möglich. Eine despektierliche Haltung gegenüber den Überzeugungen der Klienten, wird sich schädlich auswirken. Sie behaupten dann zurecht, dass wir keine Ahnung davon haben, wovon sie sprechen.«

»Da ist was dran, Kollege Lukas«, schaltete sich Dr. Redlich ein. »Es ist einen Versuch wert. Ich bin bereit, mich mit der Materie zu befassen. Wozu sind wir an die Uni angegliedert? Lasst uns doch ein Projekt starten. Ich schlage vor, die fünf Betroffenen in eine Gruppentherapie zu nehmen.«

»Einverstanden, Sie übernehmen das. Ermitteln Sie zunächst die Hintergründe, die zu problematischen Denk- und Handlungsmustern führten. Finden sie heraus, welchen Bezug es zu den aktuellen Problemen gibt. Wie lassen sich Erkenntnisse detektieren, die für ein Forschungsprojekt geeignet sind? Welche Resilienz besteht, die sich zur Problembewältigung nutzen lässt?

Vordergründig scheint mir das Skill-Training angezeigt. Die Fähigkeiten stärken, mit belastenden Gefühlen umzugehen, Stress-Toleranz verbessern und Fertigkeiten trainieren, die Achtsamkeit sich selbst gegenüber und im zwischenmenschlichen Bereich zu verbessern.«

Mit dieser klaren Aufgabenstellung beendete Dr. Lukas die Besprechung.

»Ok, das wollen wir ja für alle Patienten. Also gehen wir's an«, motivierte sich Frau Dr. Redlich im Aufstehen.

Zur Vorbereitung auf die Arbeit mit der Gruppe lag es nahe, ausgiebig im Internet zu recherchieren. Frau Dr. Redlich filterte aus der Fülle der Informationen heraus, was sie für umsetzbar hielt. Konkret suchte sie nach typischen Merkmalen für kultbedingte, psychische Auffälligkeiten. Sie fand Hinweise bei Experten wie der Psychologin M.T. Singer, die die amerikanischen Kultbewegungen untersuchte. Sie schrieb, dass es sich bei einer Sektenmitgliedschaft um spezielle Auswirkungen und Folgen handele. Sie seien nicht mit denen anderer krisenhafter Situationen vergleichbar.

Das Buch „Psychomarkt, Sekten, destruktive Kulte", von Werner Gross, fasst die wesentlichen Dinge zum Thema aus psychologischer Sicht zusammen.

Der Autor nennt spezifische Probleme, die mit Sektenkonditionierung korrelieren. Mögliche Folgen für Aussteiger seien: Einsamkeitsgefühle, Verlassenheitsängste, Depressionen, Schuldgefühle, Beziehungsprobleme; Schwierigkeiten, neue Kontakte aufzubauen, Vertrauensverlust, Orientierungsprobleme („Wie soll das Leben weitergehen?"). Die Schwierigkeit, oder gar Unfähigkeit, eigene Entscheidungen zu treffen, mit den Anforderungen des Alltags zurechtzukommen, Probleme mit der Ambivalenz der Gefühle. Die Liste fährt fort mit der Aufzählung von Bedrohungsgefühlen, Angst vor Rache und Vergeltung durch andere Sektenmitglieder, auch aufgrund der verinnerlichten Ideologie (Angst vor der Strafe Gottes, dem Satan, dem jüngsten Gericht, vor Katastrophen für die sich der Abtrünnige zu verantworten hat), Verlust von Selbstwertgefühl,

Unfähigkeit, die Sektenerfahrung in die eigene Biographie zu integrieren, intellektuell-kognitive Probleme aufgrund der Einschränkung des selbständigen Denkens und der Kritikfähigkeit während der Mitgliedschaft.

Das ist eine erdrückend lange Aufzählung. Wie erkennt man die Zusammenhänge, falls die angeführten Probleme auftreten? Die Hinweise wurden noch ergänzt mit Ausführungen zu Konditionierungen (z.B. Gedankenstopp-Rituale).

Die Einsicht des Irrtums schaltet erworbene Denkmuster nicht einfach aus, wusste die Therapeutin.

Nach vielen Stunden Recherche war eines klar: Ein nicht geringer Prozentsatz unserer Bevölkerung leidet an mehr oder weniger schweren Persönlichkeitsstörungen. Das Leben ist für die betroffenen Personen und für das Umfeld oft schwierig. Es wird nötig, mittels aufmerksamer Differenzialdiagnostik zu ermitteln wie solche Störungen einerseits und das Umfeld eines Kultes andererseits in Wechselwirkung treten. Ein Kult scheint Bedingungen zu bieten, die für Personen mit emotionaler Instabilität anziehend sind. Doch es wäre zu kurz gedacht, eine psychische Instabilität als einzigen Grund für eine Kultmitgliedschaft zu sehen.

Frau Dr. Redlich begriff, dass nicht der religiöse Inhalt an sich die Menschen in ein psychisch auffälliges Verhalten treibt. Es sind Methoden, die Druck aufbauen und einengen, sodass ein Gefühl der Ausweglosigkeit entsteht.

Mein Erfolg wird davon abhängen, das Vertrauen der Gruppe zu bekommen, dachte sie. Angespannt erwartete sie die Teilnehmer. Sie hatte einen Stuhlkreis aufgestellt. Die Mitte betonte sie mit einer Seidendecke in den Farben himmelblau, weiß und grau. Das vermittelte die Illusion, ein Stückchen Himmel zu betrachten. Ein beleuchteter Lichtbrunnen in einer Marmorsäule gab beruhigende Impulse. Das Ganze wurde stimmungsvoll umrahmt von einigen Natursteinen in interessantem Farbspiel, verbunden durch Efeuranken. Jedes der Elemente stand für die eigene Art. Feuer und Wasser, Himmel und Erde Leben und Kraft. Die Komposition sollte positive Gefühle an die Gruppe weitergeben.

17 Die erste Begegnung

Klara erschien zuerst. Sie wurde vom Pfleger mit dem Rollstuhl in den Therapieraum gebracht. Beim Atmen hatte sie immer noch Schmerzen. Die Tapes linderten diese ein wenig. Die zusätzlichen Medikamente ermöglichten ihr, die angebotenen Hilfen für ihre Genesung wahrzunehmen. Mit dem überraschten Ausruf: »Ahh, das ist ja wunderschön!« Lockte sie ein Lächeln in Frau Dr. Redlichs Gesicht. Sie saß schon auf ihrem Stuhl. Sie wollte verhindern, dass der erste Eindruck zu ihrer Person ihrem Übergewicht galt. Während Klara an ihren Platz gerollt wurde, trat der nächste Teilnehmer ein. Ein Hüne mit fast zwei Metern. Breitschultrig mit üppig gelockten, braunen Haaren auf dem Kopf. Er trug Jeans und einen grobgestrickten, dunkelblauen Rollkragen-Pullover. Mürrisch und grußlos lies er sich auf einem der Stühle nieder. Mit verschränkten Armen lehnte er sich zurück und schaute auf seine Füße, die wohl in Schuhgröße 45 passten.

Bei seinem Anblick dachte Klara verwundert: 'Wie kann so ein starker Mann, psychische Probleme haben?'

Einen krassen Gegensatz zu dem Hühnen bildete der schmächtige Mann, der ihm folgte. Blass und unsicher betrat er den Raum mit einem kaum vernehmbaren Grüß-Gott. Der schwarze Rollkragen-Pullover, die schwarzen Jeans und das schwarze Sakko, verstärkten das düstere Gesamtbild. Er wählte den Stuhl neben Klara, saß steif aufrecht und verschränkte seine Hände so krampfhaft, dass die Knöchel weiß schimmerten.

Klara fühlte solches Mitleid mit dem Mann, dass sie die nächste Teilnehmerin der Gruppe kaum wahrgenommen hatte, obwohl deren Auftritt demonstrativ aufmerksamkeitsheischend war. Mit ihrer kleinen, untersetzten Statur bewegte sie sich hektisch und verbreitete eine aufgesetzte Fröhlichkeit. Klara empfand sie nervig. Kleidung, Frisur und Schmuck passten zu dem ersten Eindruck. Sie gehörte offensichtlich nicht zu der landläufig als arme Leute bezeichneten Volksgruppe. Sie nahm auf dem Stuhl neben dem Hünen Platz.

Zuletzt trat eine junge Frau ein. Der traurige Gesichtsausdruck, die hängenden Schultern und die mutlos wirkenden Bewegungen ließen keinen Zweifel daran, dass Sorgen sie niederdrückten. Mit einem leisen »Hallo« besetzte sie den letzten Stuhl neben Frau Dr. Redlich.

Diese kannte die Krankenakten der Gruppenmitglieder. Es oblag ihr aus den vielen Puzzleteilchen der Informationen, ein stimmiges Gesamtbild zusammenzufügen. Wird die Gruppe offen dafür sein, ihre Religionszugehörigkeit gemeinsam zu diskutieren und wenn nötig neu zu bewerten? Nach allem, was die Therapeutin bisher recherchiert hatte, verglich sie extreme Religiosität mit Sucht oder Abhängigkeit. Kurzzeitig überlegte sie nach den 12 Schritten, der Anonymen Alkoholiker zu verfahren. Wie gehen die Mitglieder der unterschiedlichen Glaubensgemeinschaften mit der Berufung auf Gott um? Fragte sie sich. Es erschien ihr nicht sinnvoll, zu den Betroffenen über Demut, Charakterfehler, Mängel, Schuld gegenüber anderen Personen zu sprechen. Nein, dachte sie entschieden. Ich lasse mich auf die Begegnung ein. Im Idealfall finden wir gemeinsam eine Brücke in eine lebenswerte Zukunft für die Beteiligten.

»Grüß-Gott und willkommen zu unserem ersten Gruppengespräch«. Bewusst breitete Frau Dr. Redlich bei der Begrüßung ihre Arme weit aus. »Ich bitte Sie zunächst, dass sich jeder von Ihnen kurz der Gruppe vorstellt. Ich überlasse es Ihnen, was Sie uns über sich mitteilen möchten. Ich lasse gleich ein Klemmbrett mit Namensschildern herumreichen. Mein Vorschlag ist, dass wir uns beim Vornamen nennen. Wenn das für Sie ok ist, schreiben Sie bitte ihren Vornamen auf ein Schild und vermerken, ob Anrede mit »Du« in Ordnung ist. Falls Ihnen der Familiennamen lieber ist, schreiben Sie Ihren Familiennamen bitte auf Ihr Schildchen. Für den Anfang wollen wir es als Gedächtnisstütze gebrauchen.

Ich bin Dr. Griseldis Redlich, Stationspsychologin. In unserem Ärzte Kollegium haben wir besprochen, dass wir Sie zu einem Experiment einladen. Es gibt in Ihrer Lebensbiographie gemeinsame Schnittpunkte, die mit Fremdbestimmung oder religiöser Konditionierung einhergehen. Wir möchten herausfinden, ob diese Erlebnisse mit Ihrer psychischen Gesundheit korrelieren. Was hat sich negativ auf ihr Lebensgefühl ausgewirkt? Was haben Sie positiv erlebt? Jeder Mensch wird von seiner Vergangenheit oder seinem sozialen Umfeld geprägt.
Sehen Sie mich an. Der Wunsch, mein Übergewicht zu bekämpfen, hat mich viel Zeit und Geld gekostet. Inzwischen kann ich akzeptieren, dass Erfahrungen in meiner Kindheit eine Rolle spielen. Ich habe mich mit mir selbst versöhnt. Ich kann jetzt zu mir sagen: Ich bin Ich und das ist gut so. Der entscheidende Schlüssel dazu war, dass ich Antworten auf meine Fragen fand.
Dazu möchte ich Ihnen ebenfalls verhelfen. Wollen wir gemeinsam daran arbeiten?«.
Der kluge Schachzug, ihr persönliches Defizit unbefangen zu offenbaren, brachte ihr auf Anhieb das Vertrauen der Gruppe.

Sie stellte sich mit den Ratsuchenden auf eine Stufe. Sie wollte nicht überheblich belehren und mit der Theorie glänzen. Sie wusste, was es heißt, zu kämpfen und Enttäuschungen zu ertragen. Als sie hinzufügte: »Sie können gerne Griseldis zu mir sagen", war das Eis gebrochen. Sie reichte das Klemmbrett an die Hektikerin weiter.

Die Bitte, zu entscheiden, ob sie per Du oder Sie kommunizieren wollten, gehörte zu der ersten Übung, selbstbestimmt zu handeln. Griseldis beobachtete genau, für welchen der Teilnehmer das eine Herausforderung war.

18 Maria war Scientologin.

Mit gekünstelt wirkendem Lachen begann die Vorstellungsrunde: »Huch, ausgerechnet ich soll anfangen. Na ja, ich bin Maria Obermüller - ein Allerweltsname eben«. Diesen Satz begleitete sie mit Lachen, das die Runde peinlich berührte. Warum entschuldigte sie sich für ihren Namen? Doch sie fuhr rasch - eher hastig und ohne Lachen fort: »Ich bin 48 Jahre alt und habe die 8. Stufe clear bei den Scientologen erreicht. Nach meinem Aufenthalt in den Staaten zur Umerziehung für die neue Zivilisation kam ich in eine persönliche Krise. Meine Familie hat mich am Suizid gehindert und darum bin ich hier. Es ist in Ordnung, mich beim Vornamen Maria und mit Du anzusprechen.« Sie schrieb Maria und Du auf das Namensschild und reichte das Klemmbrett ihrem Nebenmann.

Ihre wenigen Worte reichten aus, um ein Gefühl der Beklemmung zu verbreiten. Wovon hatte Maria nur gesprochen? Was bedeutete »Umerziehung«, »Clear«, »8. Stufe?« Leicht verwirrt hörte die Gruppe der Vorstellung des leisen Schlanken zu.

19 Pater Benedikt ist Quirin.

»Ich bin Pater Benedikt, bin 45 Jahre alt und lebe seit 20 Jahren in einem Benediktiner Kloster« stellte er sich leise vor. »Nach einem Nervenzusammenbruch wurde ich hier zur stationären Behandlung aufgenommen. Mein weltlicher Name ist Quirin. Es ist in Ordnung mich Quirin zu nennen und Du.« Diese wenigen Worte mit gedämpfter Stimme gesprochen, berührten die Zuhörer. Welches Erlebnis ließ den Schattenmann zusammenbrechen? Diese Frage stand den Teilnehmern ins Gesicht geschrieben. Er schrieb »Quirin« und »Du« auf das Schildchen und überreichte Klara das Klemmbrett.

20 Klara Munich stellt sich vor.

»Ich bin Klara Munich, 42 Jahre alt. Ich bin bei den Geisterkannten aufgewachsen. Mit 20 heiratete ich. Mein Mann gehörte ebenfalls zu der Kommune. Wir haben einen Sohn, den wir im Glauben erzogen haben. Eine persönliche Entscheidung, mit der die treue Führung der Geisterkannten nicht einverstanden war, brachte uns vor ein Tribunal. Wir wurden als Sünder verurteilt, und in die ewige Abschneidung

verbannt. Ich komme mit dem Urteil nicht klar und wollte mir das Leben nehmen. Es ist in Ordnung, wenn ihr mich Klara nennt und Du. Ich bin aber nicht sicher, dass ich mich gleich daran gewöhne, Euch zu duzen. Darum bitte ich um Nachsicht.« Klara sprach zwar leise aber mühelos und fließend. Mitglieder der Kommune sind in Rhetorik gut geschult. Das Ziel ist, Außenstehenden die Heilsbotschaft effektiv zu vermitteln. Sie hatte ohne Anzeichen von Emotionen gesprochen. Die Worte, die ihr über die Lippen kamen, klangen für die Zuhörer unverständlich. Was meinte sie mit »Tribunal«, »ewige Abschneidung«? Wieso machte das ihr Leben wertlos? Es gab offensichtlich viele Rätsel aufzuklären. Klara schrieb »Klara« und »Du« auf ihr Kärtchen und übergab an ihren Nachbarn.
Dieser hatte während der Vorstellung seine demonstrativ ablehnende Haltung verändert. Er wandte sich den Sprechenden zu. Interessiert, ungläubig doch neugierig hörte er zu.

21 Gotthilf und die 12 Stämme

»Ich bin Gotthilf Herzog« stellte er sich vor. »Ich bin 35 Jahre alt und gehörte 15 Jahre zu den 12 Stämmen. Ich heiratete ebenfalls bereits mit 23 Jahren eine Gläubige, die in die Gemeinschaft hineingeboren wurde. Wir haben eine Tochter. Sie ist jetzt zehn. Bei der Gemeinschaft gibt es das strenge Gebot, die Kinder zu züchtigen. Dagegen lehnte ich mich auf. Ich stieg aus und nahm unser Kind mit. Mit den Folgen muss ich leben. Ich verlor alles, was mein Leben dort ausmachte. Meine Frau trennte sich nicht von der Gruppe, sondern von mir. Um dieses Trauma zu verarbeiten, bin ich hier. Es ist ok mich Gotthilf zu nennen und auch mit dem Du bin ich einverstanden.«

22 Sophia verließ die Zeugen Jehovas.

Die Letzte in der Runde nahm das Klemmbrett entgegen. »Ich heiße Sophia Christ, bin 33 Jahre alt«, erklärte sie mit monotoner Stimme. »Ich wurde von Zeugen Jehovas adoptiert. Mit 17 habe ich einen Zeugen Jehovas geheiratet. Ich bekam eine Tochter. Meine Ehe war die Hölle. Ich verließ die Gemeinschaft für einen anderen Mann. Darum wollen mir meine Adoptiveltern mein Kind wegnehmen. Sie haben ihm eingeredet, ich sei jetzt von den Dämonen besessen. Das glauben die Zeugen Jehovas von solchen, die ihre Gemeinschaft verlassen. Meine Tochter Sonja ist jetzt 12. Ihre Angst, bei mir zu wohnen, weil Oma behauptet, die Dämonen liegen auf der Lauer, um sie zu vernichten, ist so grausam. Ich weiß nicht, wie ich das ertragen kann. Sophia und Du ist in Ordnung«. Sie schrieb ihren Namen auf das Kärtchen und übergab das Klemmbrett Frau Dr. Redlich.

Griseldis ließ eine Minute des betroffenen Schweigens verstreichen. Alle beobachten aufmerksam das leise plätschernde Wasser. »Wir haben jetzt fünf offensichtlich extrem belastende Lebenserfahrungen gehört«, unterbrach

Griseldis die Stille. »Ist euch eine bedeutsame Gemeinsamkeit aufgefallen?«

»Mir fällt auf, dass jeder von uns religiöse Erfahrungen bei der Vorstellung erwähnte. Ist eventuell die Religion Teil unseres Problems?« Gotthilf kam zu dieser für ihn überraschenden Erkenntnis.

»Genau das ist mir auch aufgefallen. Ist es für euch in Ordnung, wenn wir das gemeinsam analysieren? Jeder erklärt seine religiöse Ansicht und die Verbindung zu der Religionsgemeinschaft. Wir suchen nach Gemeinsamkeiten oder Gegensätzen in einer offenen Diskussion. Es ist tabu, den Glauben des jeweils Anderen zu kritisieren. Wir wollen uns in der ICH Form ausdrücken. Seid Ihr damit einverstanden?«

Erleichtert registrierte Griseldis, das einstimmige »Ja«. Sie hatte die Gruppe erreichen können.

»Es ist wichtig, dass jeder genügend Zeit bekommt, seine Sicht zu erklären. Wer diese Pyramide in der Hand hält, darf nicht unterbrochen werden«. Griseldis zeigte eine Pyramide. Sie war eine Nachbildung der Pyramide von Gizeh aus sandfarbenem Kunststoff 15 Zentimeter hoch. »Die Gruppe hört zu, überlegt sich Einwände oder notiert sich Fragen. Nachdem auch diese beantwortet sind, geht die Pyramide an den Nächsten - bis jeder zu Wort gekommen ist. Steht die Pyramide in der Mitte, neben dem Brunnen, tauschen wir gemeinsam unsere Gedanken aus. Stimmt Ihr diesem Modus zu?« Da alle zustimmend mit dem Kopf nickten, fragte Griseldis: »Ist es in Ordnung, wenn wir mit der Geschichte von Quirin beginnen?« Außer Quirin, der erschrocken »ich?«, fragte, nickten die Teilnehmer.

23 Ein Katholik in Gewissensnöten

»Ich bin sicher, du schaffst das«, ermutigte ihn Griseldis, indem sie ihm die Pyramide reichte. »Erzähle uns etwas über dich und darüber warum du ins Kloster gingst. Du kannst nichts falsch machen. Wir hören dir einfach zu. Anschließend fragen wir nach, was wir nicht verstanden haben.«

Nachdenklich schaut Quirin auf die Pyramide, die er mit beiden Händen umklammert. Zögernd beginnt er, von sich zu erzählen. »Ich bin der zweite Sohn einer Bauernfamilie im Pfaffenwinkel. Wir sind fünf Geschwister. Ich habe noch einen älteren Bruder und drei Schwestern. Meine Familie ist streng katholisch. Meine Mutter besuchte regelmäßig den Gottesdienst. Vor jeder Mahlzeit beteten wir selbstverständlich gemeinsam. Genauso selbstverständlich besuchten alle Familienmitglieder alle Gottesdienste. Mein Bruder und ich waren gerne Ministranten. Meine Kindheit bestand also aus Arbeit in der Landwirtschaft und den kirchlichen Traditionen. Es war vorgesehen, dass ich in die Brauerei meines Onkels einsteige. Er ist kinderlos, ohne Erben. Das Abitur machte ich im Internat im Kloster Ettal. Anschließend absolvierte ich eine dreijährige Ausbildung in der

Brauerei. Mein Studium an der TU München-Weihenstephan schloss ich mit dem Diplom ab. Während meiner Zeit im Internat machte ich gute und schlechte persönliche Erfahrungen. Immer häufiger quälten mich Glaubenszweifel, die sich während meines Studiums verstärkten. Im persönlichen Umfeld fand ich keine Antworten auf meine Fragen. Nach einer Zeit im Betrieb meines Onkels entschloss ich mich, den Jakobsweg zu gehen. Eine meiner Schwestern vertraute mir vor meiner Reise an, dass sie die Absicht hatte, ins Kloster zu gehen. »Du wirst auf dem Weg deiner Bestimmung begegnen«, sagte sie zu mir. Nach der Rückkehr von dieser Reise schrieb ich eine Bewerbung für Kloster Andechs. Als Jugendlicher verbrachte ich dort mehrfach meine Ferien. Ich hatte zunächst nicht die Absicht im Kloster zu bleiben. Ich wollte lediglich die Möglichkeit des Postulats als Option und Bedenkzeit nützen. Diese Zeit half mir mit der Benediktiner-Regel: »Ora et labora et lege« meine Glaubenszweifel zu überwinden. Ich entschied mich, zu bleiben und mich in der Obdachlosenfürsorge zu engagieren. Mit meiner Arbeit und meinem Einsatz für Gott und die Bedürftigen hoffte ich auf Vergebung meiner Sünden. Ich schonte mich nicht. Nach einem ernsthaften physischen und psychischen Zusammenbruch sorgten meine Klosterbrüder dafür, dass ich hier in der Klinik zur Therapie aufgenommen wurde.«

Nach dieser leise und stockend vorgetragenen Schilderung sah Quirin auf. Er lockerte den Griff um die Pyramide, die er mit sichtlicher Erleichterung spielerisch zu drehen begann.

»Danke für deine eindrucksvolle Schilderung, Quirin. Möchte jemand eine ergänzende Auskunft haben?« Griseldis blickte in die Runde.

»Ich kann sehr gut nachvollziehen, dass Glaubenszweifel eine schwere Belastung sind. Das kenne ich. Magst du etwas zu deinen Erfahrungen erzählen, die den Zweifel auslösten?« Gotthilf hatte aufmerksam zugehört und stellte diese Frage.

»Na ja, wie ich sagte, wurde ich streng katholisch erzogen. In der Pubertät hatte ich Schwierigkeiten, unkeusche Gedanken zu vermeiden. Ich schämte mich dafür, dass ich nicht an Mädchen, sondern an Jungen dachte. Wenn mich unser Pfarrer in der Sakristei freundlich über den Kopf streichelte, gefiel mir das. Ich fantasierte dann von romantischen Begegnungen mit ihm, obwohl ich wusste, dass es eine Sünde ist.

Im Internat wurde es nicht besser. Die strenge Erziehung duldete keine Nachlässigkeit. Die Zeiten der Gottesdienste und Gebete waren unter allen Umständen einzuhalten. Jugendlicher Leichtsinn erntete unbarmherzige Strafen. Ich verstand mich sehr gut mit einem Klassenkameraden. Wir gestanden uns gegenseitig unsere Seelenqualen. Wir glaubten mit kindlichem Vertrauen, dass Gott uns liebt. Die Kirche schien fürsorglich. Sie kümmerte sich um Arme, Waisen, Kranke, Obdachlose. Wie Verbeinbarte sich das mit der Grausamkeit, unsere Gefühle als Wollust, schlechte Charaktereigenschaft oder Sünde zu bestrafen? Es gab keine Alternative: Entweder kämpften wir gegen den Dämon Asmodeus, oder wir verfielen der Strafe der Hölle. Nach der Beichte betete ich sicherheitshalber immer mehr Vater-unser und Ave Maria. Ich wollte unbedingt, dass Gott meine Reue annimmt und mir vergibt.

Auf meiner Reise nach Santiago de Compostela begegnete ich einem Mönch. Ich hatte ein sehr langes Gespräch mit ihm und vertraute ihm meinen Kummer an. Er erklärte mir, dass Homosexualität eine Veranlagung sei, die ich nicht selbst wählen durfte. Sie sei vielmehr für mich die Berufung zur Keuschheit. Die Tugend der Selbstbeherrschung bringt mich der Vollkommenheit näher, wenn ich darauf verzichte diese Versuchung auszuleben.«

»Du hast erwartet, im Kloster deine Berufung zur Keuschheit leben zu können. Hat sich deine Erwartung erfüllt?«, wollte Maria wissen. »Entspricht das Leben in Entsagung deinen Gefühlen?«

»Die Frage kann ich im Augenblick nicht beantworten«, sagte Quirin nach einigem Zögern. »Ich fühle mich derzeit seelisch unbehaust. Mir ist nicht klar, was Gott von uns Menschen fordert. Ist er weniger gütig, als Menschen? Wenn unsere wohnungslosen Gäste hungrig sind, geben wir ihnen zu essen - auch ohne, dass sie vorher gebetet haben. Wir fragen nie, welcher Konfession sie angehören. Wir haben auch für Muslime und Juden Mahlzeiten ohne Schweinefleisch. Nur so als Beispiel genannt. Darum frage ich mich: Wann ist Gott mit uns zufrieden?«

24 Gotthilf beschreibt die 12 Stämme.

»Meine Frage lautete eher: Ist Gott ein Sadist?« Antwortete Gotthilf spontan.

»Bitte Gotthilf, übernimm die Pyramide und erzähle uns, was dich zu dieser Frage veranlasst«, schlug Griseldis vor.

Nachdenklich schaute er eine ganze Weile auf die Pyramide in seinen Händen. »Ich vermute«, begann er zögernd, »da spielten mehrere Faktoren eine Rolle. Ich besuchte den Konfirmandenunterricht. Ich suchte Gott. Vieles, was uns im Unterricht vermittelt wurde, fand im richtigen Leben nicht statt. Meine Eltern waren nicht gläubig. Mein Vater vertrat die Meinung: Hilf dir selbst, dann hilft dir Gott. Die Berufstätigkeit meiner Mutter führte zu Streitigkeiten in der Familie. Mein Vater bestand darauf, dass ich BWL studiere. Nach seiner Meinung hatte ich damit die besten Berufsaussichten in der Wirtschaft. Er ist Prokurist in einem mittelständischen Unternehmen. Mit seinen Plänen für meine Zukunft war mein Leben vorbestimmt. Er ignorierte alle Einwände meinerseits. Meine Mutter war mit ihren eigenen Sorgen beschäftigt.

Schließlich verließ sie Vater und hinterließ bei mir ein Gefühl des Verrates.

An der Uni traf ich Studenten, die gegen das, nach ihrer Meinung, verlogene Establishment rebellierten. Wir schlossen uns zusammen, kritisierten alles, was nach Tradition aussah. Wir kifften, machten Party und besuchten die härtesten Rock- und havy Metal Events. Auf der Heimfahrt von einem Konzert der Rockband Greatful Dead starb mein bester Freund bei einem Verkehrsunfall. Zufällig, - die Mitglieder der 12 Stämme sagen, mit Gottes Fügung, - hatte ich bei dem Festival Abgesandte aus Sus, einem der Stützpunkte der Gemeinschaft in Frankreich, getroffen. Ich besaß ihren Flyer, der ihr tolles, gemeinschaftliches Leben in Frieden, nach dem Vorbild der Urchristen Beschrieb. Bei unseren Gesprächen am Rande des Konzertes, gaben sie mir einleuchtende Erklärungen auf meine Fragen nach Gott. Sie versicherten mir, Jehoschua, ihr Gott, löse sehr bald alle Probleme. Sie luden mich nach Sus ein. Sie beteuerten, ich sei von Jehoschua persönlich erwählt worden, denn sonst hätte ich die Sinnlosigkeit des weltlichen Treibens nicht bereits hinterfragt.

Nach dem Tod meines Freundes suchte ich noch verzweifelter nach Gott. Die Mitglieder der 12 Stämme gaben einfache Antworten. Die schlichte Beteuerung dass Gott mich persönlich liebt, hat mich veranlasst nach Sus zu fahren. Dort schien alles logisch und christlich. Ich schmiss mein Studium. Mein Vater rastete aus. Wir stritten uns und ich bin wütend zu meiner

Mutter gefahren. Sie nahm die Gelegenheit wahr, besser zu scheinen als mein Vater. Sie bezahlte mir die Fahrkarte nach Sus. Christlich und bibeltreu kann nur gut sein, dachte sie. Die 12 Stämme kannte sie nicht.

Die Erfahrung, in einer fremden Welt willkommen zu sein, tat mir gut. Ich wurde sofort in den Alltag der Gemeinschaft integriert. Am 2. Tag bekam ich eine Arbeit in der Gärtnerei zugewiesen. Ich hatte einen persönlichen Betreuer. Er führte mich in die Gepflogenheiten ein, wies mich freundlich - manchmal nur mit einem Stirnrunzeln - auf meine Fehler hin. Er erklärte mir geduldig, warum die Gemeinschaft durch die einheitliche Kleidung ihre Hingabe an Gott zeigen will. Keiner möchte mit einem eigenen Denken Selbstsucht und Hoffahrt in die Gruppe bringen. Für den Platz, den die Gruppe einem Mitglied zuweist, muss man dankbar sein.

Ich wollte nur das Positive sehen. Ich redete mir ein, genau das gefunden zu haben, was ich schon als Konfirmand suchte. Aufgrund der schmeichlerischen Versicherung, ich sei persönlich von Gott erwählt, fühlte ich mich bedeutend. Trotzdem stellte ich zuweilen kritische Fragen. »Das ist ein Relikt aus deinem alten Leben. Es war durch die Gedanken Satans bestimmt«, lautete jeweils die lapidare Antwort.

Jedes Ereignis wurde kommentiert mit: Gott hat es so gewollt. Egal ob es eine gute Erfahrung oder eine schlechte war. Gottes Wille war stets zu respektieren. Die Interpretationshoheit darüber, was für die einzelnen Mitglieder Gottes Wille sei, hatte der Ältestenrat.

Nach dem ersten, zweiwöchigen Aufenthalt in Sus fuhr ich in vollster Überzeugung nach Hause, ein Auserwählter zu sein. Ich verkaufte oder verschenkte alles, was ich besaß. Wie ich dachte, der offensichtlich göttliche Wille für mich. Gott wollte von mir den Beweis, dass er für mich wichtiger war als materieller Besitz. Jedes winzige Andenken hätte eine Versuchung sein können. Ich trennte mich von allem und fuhr nur mit den Kleidern, die ich trug wieder nach Sus.

Das totale Entsagen löste eine Inbrunst der Überzeugung aus. Innerhalb kürzester Zeit lernte ich die seltsame Gruppensprache. Ich schaffte es bald, die ursprünglich für mich fremden Bedeutungen der Worte sinngemäß korrekt zu verwenden. Mein vorheriges Leben schien mir wertlos. Einzig die Gemeinschaft bot die Möglichkeit, gottgefällig und wahrhaftig zu sein. Mehr und mehr wurde die Vorstellung, den Erfordernissen des gottgefälligen Lebens nicht zu genügen und die Gruppe verlassen zu müssen zur schlimmsten, denkbaren Bedrohung. Ich unterließ es, eine Anweisung zu hinterfragen. Es gab keine Diskussionen oder Dispute mehr. Ich hatte den Eindruck, es herrsche innerhalb der Gemeinschaft eine totale Harmonie. Meine Wahrnehmung blendete den Zwang zur Unterwerfung und Gehorsam aus, mit dem Gleichförmigkeit als Synonym für Harmonie erreicht wurde.

Die Gleichschaltung zu Lasten der persönlichen Freiheit erfolgte so schleichend, dass ich das veränderte Denkmuster nicht erkannte. Ich bemerkte nicht, dass ich bereit war, den Eingriff in meine Persönlichkeitsrechte zu akzeptieren. Ich wurde einer Familie als Singel-Bruder zugeteilt. Das bedeutete permanente Kontrolle. Bei meinem Vater hätte ich das niemals geduldet.

Ich akzeptierte die Doktrin der Gemeinschaft. Eine wesentliche Forderung war, dass man Kindern den Willen der Erwachsenen aufzwingen muss. Der Vater meiner Zuteilungsfamilie, hatte die Aufgabe, für meine »geistige Unterweisung« zu sorgen. Er verbot mir, eine eigene Familie zu gründen, solange der Ältestenrat dem nicht zustimmte.

Selbst als nach meiner Heirat meine Frau kritisiert wurde, weil sie unter ihrer selbstgenähten Kleidung modische Unterwäsche trug, widersprach ich nicht.

Dann wurde uns eine Tochter geboren. Das Wissen, dass ich diesem wunderbaren Geschöpf wegen einer Doktrin und Bibelauslegung, Schmerzen zufügte, betrübt meine Seele.

Der Spruch: »Wer seinen Sohn liebt, sucht ihn früh heim mit Züchtigung« und »wer die Rute spart, hasst seinen Sohn« wurde auch auf Töchter angewandt. Er erscheint mir in meinen schlimmsten Alpträumen. Ich musste mein Kleinstkind mit Weidenruten schlagen und auch zulassen, dass andere Erwachsene es taten. Der Ältestenrat berief sich auf einen Missionsbefehl. Sie hatten den biblischen Auftrag, die Feinde der Wahrheit zu bekämpfen. Wegen der ererbten Sünde sollte damit schon bei den Säuglingen begonnen werden. Ich ließ zu, dass unser Kind für kleinste kindliche Freuden bestraft wurde. Ich habe nicht verhindert, dass sie im Vorschulalter echte Arbeit für die Gemeinschaft verrichtete. Ich sah der Ausbeutung aller Kinder in der Gruppe tatenlos zu. Ich protestierte nicht, dass die Erziehung der Kinder mit der Hundedressur verglichen wird.

Aus diesem Grund kam eines Tages der Moment, an dem ich mir die Frage stellte: Ist Gott ein Sadist?

Mir erschien die Liebe, wie sie in der Gemeinschaft gepredigt wird als leere Worthülse. Ich begann, über eine Trennung nachzudenken. Meine Frau ist in die Gemeinschaft hineingeboren. Sie kennt das Leben außerhalb der Mauern der Gruppe nicht. Sie konnte ihre Ängste nicht überwinden. Ich musste mich zwischen dem Glück und der persönlichen Freiheit meines Kindes und der Liebe zu meiner Frau entscheiden. Ich trennte mich von der Gemeinschaft - räumlich wenigstens. In meinem neuen Leben bin ich noch nicht angekommen. Da ist die Fremdheit, das Gefühl der Isolation. Ich fühle mich schuldig. Ich kann nicht vertrauen. Wie kann ich jemandem vertrauen, wenn ich an mir selbst starke Zweifel habe? Das sind einige Gründe, hier Hilfe zu suchen.« Den letzten Satz begleitete er mit einem tiefen Seufzer. Er wirkte erleichtert.

Seiner ausführlichen Schilderung folgte ein betroffenes Schweigen.

»Zur Zeit stehen Mitglieder der 12 Stämme wegen der Prügelstrafe vor Gericht«, unterbrach Klara das Schweigen. »Ist das für dich eine Genugtuung?«

»Nein«, antwortete Gotthilf zu ihrer Überraschung. »Tatsächlich stehen die falschen Menschen vor Gericht. Eltern und Erzieher stehen unter Anklage, die einer Forderung gehorchten. Sie lieben ihre Kinder, so wie ich meine Tochter liebe. Sie handeln mit Gewissensnöten. Ich fordere, dass die Verursacher solchen schädigenden Verhaltens vor Gericht gestellt werden. Es ist nicht gerecht, dass sie durch den besonderen Schutz der Religionsgemeinschaften vor Strafverfolgung weitgehend sicher sind.«

»Das stimmt!« Pflichtete ihm Maria nachdrücklich bei. »Wie immer werden die Kleinen gehängt und die Großen lässt man laufen.«

»Wir dürfen nicht vergessen, dass in den Prozessen Täter vor Gericht stehen, die sich tatsächlich der Körperverletzung schuldig gemacht haben. Für jeden einzelnen Fall sind Beweise, Zeugenaussagen und konkrete Vorfälle zu beurteilen«, gab Quirin zu bedenken. »Wird im Strafrecht nur der Mörder bestraft oder auch der Auftraggeber?« Fragte Gotthilf echauffiert.

»Jedermann kann die Aufforderung zur Prügelstrafe in den offiziellen Lehren der 12 Stämme nachlesen. Die unbedarften Gläubigen haben keine Möglichkeit, vor dem Beitritt in die Gemeinschaft alle Konsequenzen zu durchschauen. Die Hineingeborenen erstrecht nicht. Die Regierung kann Religionswissenschaftler, Psychologen, Pädagogen, Sprachwissenschaftler beauftragen eine trennscharfe Definition zu erarbeiten, was schützenswerte Glaubeninhalte sind und wo der Verstoß gegen Artikel 2 unserer Verfassung beginnt. Solange Definitionen der Autonomie der Religionsgemeinschaften überlassen bleiben, können destruktive Gruppen ungehindert die Grundrechte ihrer Anhänger mit Füßen treten. Für die physischen und psychischen Folgeschäden steht die Solidargemeinschaft des Staates gerade.«

»Du sprichst mir aus der Seele. Gibt es außer in Sus noch weitere Stützpunkte der 12 Stämme?«, wollte Maria wissen.

»Ja, die gibt es«, antwortete Gotthilf. »Ich selbst half mit, in Deutschland neue zu gründen. Wir rekrutierten Neumitglieder bei Großveranstaltungen. Zum Beispiel bei Rockkonzerten, dem Rainbow Gathering im Mühlviertel, einem bekannten Hipi-Festival oder bei Kirchentagen und Esoterik-Messen. Wir hielten Ausschau nach Menschen, die durch ihr Verhalten oder ihrer Körpersprache signalisierten, dass sie auf der Suche nach einer Neuorientierung sind.

Ich bin fassungslos, wenn ich zurückdenke, wie einfache Worthülsen ausreichen, um Menschen einzufangen. Wir verwendeten Schlagworte wie: Gott liebt dich, Gott kennt dein Problem, Gott hat dich bereits auserwählt. Unabhängig von den Sorgen oder Fragen unserer Zielpersonen passten sie immer.

Wir luden sie in die Zentrale in Sus ein. Sie wurden auf die gleiche Weise überzeugt, wie ich. Damit legten wir den Grundstein für neue Standorte in Deutschland, Australien, Neuseeland, England, Spanien. Ursprünglich kam die Idee aus den USA. Sie wurde von Elbert Eugene Spriggs gegründet«.

»Wie ging es den Kindern, wenn sie eingeschult wurden? Überforderte sie die fremde Umgebung nicht?«, wollte Quirin wissen.

»Die 12 Stämme weigern sich, ihre Kinder in eine öffentliche Schule zu schicken. Sie bestehen darauf, sie von dem Einfluss Satans in der bösen Außenwelt fernzuhalten. In Amerika ist Homeschooling möglich. In Deutschland nahmen Eltern nach langjährigen Prozessen auch Geldstrafen und Beugehaft in Kauf. Wegen der Prügelstrafe veranlassten Jugendämter, Kinder der Obhut von Pflegefamilien anzuvertrauen.

Die Kinder sind in jedem Fall die Leidtragenden. Sie verlieren ihre Bindung zu den Eltern, den letzten Rest an Urvertrauen.

Wenn sie bei der eigenen Familien bleiben müssen, verlieren sie jede Chance auf ein eigenständiges, selbstbestimmtes Leben. Sie sind dem realen Leben nicht gewachsen. Bei meiner Frau überwiegt die Angst vor der Fremde. Sie opferte dafür nicht nur die Beziehung zu mir, sondern auch die zu ihrem Kind. Sie zieht die Lebensübergabe durch Unterwerfung, der Selbstbefreiung durch Emanzipation, vor.«

»Du sprachst mehrfach von Angst«, wandte sich Klara an ihn. »Das ist mir vertraut. Welche Ängste sind erst durch den Beitritt in die Gemeinschaft bei dir entstanden?«

»Im Vordergrund steht die Angst, keine Alternative zu finden. Die Zugehörigkeit zu einer Gruppe, dem Schwarm, ist ein Urbedürfnis. Wenn man die Wahrheit nur bei den 12 Stämmen sieht, akzeptiert man die Bevormundung als notwendiges Übel. Ich war daran gewöhnt, dass "Wahrheit" bedeutet, auf alles eine einfache Antwort zu geben. Meiner Frau ist es nicht möglich, die Religion der Vorfahren zu verlassen. Darum hielt mich die Angst, meine Ehe würde zerbrechen, lange gefangen. Ich zögerte zurecht, wie sich zeigte. Die Angst der sozialen Isolation. Ich hatte zu meinen früheren Freunden keinen Kontakt mehr. Meine Frau kannte kein »früheres« Leben. Jeder stellt sich die bange Frage: Was, wenn es doch nur diese eine Wahrheit gibt?

Mir wurde Hilflosigkeit antrainiert. Ich vertraute mir selbst nicht mehr. Ich fürchtete, den moralischen Halt zu verlieren. Ich definierte mich teilweise über die Stellung innerhalb der Gemeinschaft. Wer bin ich ohne das Ansehen? Wäre ich dann ein Totalversager? Die Gemeinschaft vermittelt die Illusion von Halt und Wärme, wenn es gelingt, sich in ihrer Mitte zu integrieren. Das religiöse Wohlbefinden bedient ein menschliches Bedürfnis. Das Gefühl zu einer Kirche oder Religionsgemeinschaft zu gehören, suggeriert Geborgenheit. Die Sippenzugehörigkeit wird als Voraussetzung für das Überleben angesehen. Für viele ist das ihr Sinn im Leben.«

»Das könnte ich Wort für Wort genauso ausdrücken. Du triffst den Nagel auf den Kopf«, sagte Sophia überrascht. »Die Rute der Zucht hat meine Adoptivmutter ausgiebig angewandt«, erklärte sie. »Sie benütze keine Weidenrute, sondern nahm alles, was ihr in die Hände fiel. Ich empfinde gerade tiefes Mitleid, mit den Kindern, die in einem solchen Milieu aufwachsen müssen.«

Für ihre mitfühlenden Worte erntete sie allgemeine Zustimmung und Griseldis sagte: »Bitte nimm die Pyramide und erzähle uns aus deinem Leben.«

25 Sophia entkam den Zeugen Jehovas.

»Ich wurde im Alter von drei Jahren adoptiert«, begann Sophia ihren Bericht. Sie hielt die Pyramide in ihren Händen, blickte unverwandt darauf, so als könne sie ihre Geschichte dort ablesen. »Meine Adoptiveltern sind 100% gläubige Zeugen Jehovas. Ich wurde nach ihrem Glauben erzogen. Zum Beispiel bekam ich das Kinderbuch »Mein Buch mit biblischen Geschichten« und die dazugehörigen Audio-Kassetten. Die Geschichten hörte ich unzählige Male, während ich die Bilder in dem Buch betrachtete. Es waren meine Gute-Nacht-Geschichten. Zum Schluss betete ich zu Jehova, mich vor den Dämonen zu beschützen. Die Bilder zeigten blutenden Opfer, Erschlagene, Erwürgte, Ertrinkende. Sie erzählten von der bösen Dina, die Kontakt zu Andersgläubigen hatte und ein Unglück verschuldete. Eine Geschichte von Vergewaltigung, Familienkrieg und Mord. Ich verstand nur, dass ich auch sterbe, wenn ich böse bin. Die Dämonen lauern darauf und freuen sich darüber. Zitternd betete ich: Bitte Jehova lass mich nicht sterben.

In den Zusammenkünften, - so heißen die wöchentlichen Treffen, - hatte ich still zu sitzen und aufmerksam zu sein. Ich war ein lebhaftes Kind. Zwangsläufig wurde ich nach jedem Treffen, - also drei Mal pro Woche, - von meiner Adoptivmutter fürs Zappeln geschlagen. Oft auf den nackten Po, bis er grün und blau war. Nicht selten blutete er. Sie nahm den Kochlöffel, einen Lederriemen, einen Kleiderbügel oder einen ihrer

Latschen. Bei jedem Schlag zitierte sie ein Wort aus dem Spruch: Wer - seinen - Sohn - liebt - der - züchtigt - ihn. So prügelte sie mich durch meine Kindheit. Sie wollte mich zu einem Vorzeigekind dressieren.

Ich lebte in ständiger, panischer Angst. Ich war überzeugt, dass Dämonen, die in dem Buch beschrieben wurden, überall auf der Lauer lagen, um mich zur Sünde zu verleiten. Doch viel mehr Angst hatte ich vor der Versammlung. Ich wusste, sie endet mit Prügel. Ich schaffte es nicht, das Herz Jehovas mit bravem und gehorsamen Stillitzen zu erfreuen. Seiner bedrohenden Beobachtung konnte ich auch nicht entkommen. Meine Stiefmutter hatte den Satz: »Pass auf, Jehova sieht dich«, in mein Hirn gebrannt. Ich lag ununterbrochen mit mir im Clinch. Gerne hätte ich das Richtige getan, doch es gelang mir nicht. Ich schämte mich für meine verbotenen Wünsche, mein Versagen. Ich verbot mir mit der Zeit jegliche Gefühlsregung. In der Pubertät fragte ich mich: Warum hat mir Jehova das Leben mit allen Gefühlen geschenkt, wenn er doch von mir erwartet, sie abzutöten?

Mit der Zeit flüchtete ich in eine eigene Welt, die in meiner Phantasie friedlich und gut war. Dort gab es immer jemanden, der mich rettete.

In meinem richtigen Leben erschien kein Retter. Meinem Adoptivvater gefiel es, meine Gefühle zu verletzen. Er kam oft in mein Zimmer, wenn er genau wusste, dass ich mich für das Treffen »zeig Jehovas, dass du brav bist« umzog. Ich nannte es so, weil meine Stiefmutter mir diesen Satz immer vor dem Eingang zuraunte. Mein Stiefvater berührte mich, so wie ein Vater seine Teenie-Tochter nicht berühren sollte. Ich schämte mich. Wenn ich mich wehrte, warf er mit Gegenständen nach mir. Er schrie mich an oder schlug mich. Geborgenheit oder Liebe war für mich nicht vorgesehen.

Vertrauenspersonen der Versammlung nützten meine Sehnsucht nach Liebe aus. Sie spielten mit meinen Gefühlen und benahmen sich völlig im Gegensatz zu den schönen Worten, die sie von der Bühne predigten.

Um meinem Elternhaus zu entkommen, nahm ich die Werbung eines 21-jährigen Zeugen Jehovas an. Er war Dienstamtgehilfe und in der Versammlung anerkannt. Ich heiratete ihn 17-jährig mit einer Sondergenehmigung des Jugendrichters. Er erschien mir wie der Retter, den ich in meinem anderen Leben so sehnsüchtig erwartet hatte.

Die Ehe wurde die Hölle. Mein Ehemann zwang mich zum Sex, wann immer es ihm in den Sinn kam. Der Bibeltext, »die Frau sei dem Manne untertan« gab ihm jede Freiheit. Ich wurde schwanger und bekam mit 18 Jahren meine Tochter. Vater und Großeltern übernahmen die Regie in ihrem Leben. Auch sie musste die Horrorgeschichten, aus dem Lehr-Buch über sich ergehen lassen. Spielzeugfiguren, die nach Deutung der Zeugen Jehovas dämonisch waren, musste sie wegwerfen. Monchichis hatten nur vier Finger und waren dämonisch. Pokemon und Yu-Gi-Yoh Karten wurden entsorgt, weil sie im Verdacht standen, spiritistisch zu sein. Selbst Bionicle Roboter von Lego hielten meine Eltern für dämonisch. Bei Indianern und Cowboys wurden die Gewehre abgeschnitten, sie waren sonst Kriegsspielzeug. Ich hatte keine Chance mein Kind zu beschützen. Bald hatte die Kleine Alpträume von Dämonen und Vernichtung, die mit Feuer und Schwefel vom Himmel drohte.

In einer Nacht wachte sie weinend und verzweifelt auf, weil ihre Katze nicht verbrennen sollte. Als Sonja sechs Jahre alt war, bemerkte ich zufällig, dass sie mein Mann sexuell missbrauchen wollte. Ich stellte ihn zur Rede. Er leugnete zwar und schlug mich brutal. Doch ich reichte daraufhin die Scheidung ein und erhielt das alleinige Sorgerecht.

In unserer Gemeinde hatte ich fortan den Stempel der bösen Ehefrau, die ihrem Mann nicht untertan sein wollte. Die wahren Gründe für meine Entscheidung musste ich verschweigen. Ich durfte *keine Schmach* auf den Namen Jehovas bringen.

Die Ordensregel verlangte für jede Anklage mindestens zwei Zeugen. Weil es die nicht gab, unterstellte man mir üble Nachrede. Ich war schutzlos der Willkür eines innerorganisatorischen Verfahrens ausgeliefert, das kein Mitleid mit Verzweifelten kennt. Mein Entschluss stand fest: Meine Tochter würde keine Kindheit mit dauerhafter Demütigung und Bestrafung, gepaart mit Missbrauch, erleben. Aus meiner Erfahrung wusste ich, dass ihr eingeredet würde, sie sei die Schuldige und hätte sich zu schämen. Mehr und mehr zweifelte ich, ob es den Gott Jehova wirklich gab. Oder ich rebellierte innerlich und beschimpfte ihn. Ich wollte mit ihm nichts mehr zu tun haben, denn er hatte keines meiner verzweifelten Gebete um Hilfe erhört.

Bei einem Elternabend lernte ich einen Mann kennen, dessen Sohn in die Klasse meiner Tochter ging. Wir kamen ins Gespräch. Ich erzählte ihm von meinem Kummer. Er hörte geduldig zu und tröstet mich. Wir kamen uns näher. Dank seiner Unterstützung hatte ich den Mut, die Gemeinschaft der Zeugen Jehovas zu verlassen.

Damit begann der nächste Horror. Meine Adoptivmutter redete meinem Kind ein, ich sei nun in der Welt Satans und meine Vernichtung stünde kurz bevor. Harmagedon käme sehr bald. Meine Tochter weigerte sich, bei mir zu wohnen. Sie hatte panische Angst vor den Dämonen. Ihre Oma überzeugte sie, dass ich mit ihnen verbündet sei. Ich holte mir Hilfe beim Jugendamt und konnte erreichen, das mein dreizehnjähriges Kind in eine begleitete Wohngemeinschaft für Jugendliche kam. Auch dort hielt sich meine Stiefmutter nicht von Sonja fern. Sie ignorierte alle Auflagen des Familiengerichtes und des Jugendamtes. Sie kontaktierte mein Kind mittels Zeugen Jehovas Frauen. Sie schenkte ihr unerlaubterweise ein Handy und Geld. Per SMS sandte sie ihr laufend Botschaften, dass Sonja nur ins Paradies kommen kann, wenn sie noch vor Harmagedon stirbt. Zeugen Jehovas glauben, der finale Gotteskrieg steht kurz bevor. Alle, die durch die himmlischen Krieger vernichtet werden, sind für immer tot und verloren.

Wer allerdings noch vor dem Gottesgericht stirbt, kann auf die irdische Auferstehung hoffen.

Sonja hörte auf zu essen und begann sich selbst zu verletzen. Sie schnitt sich mehrmals die Pulsadern auf. Unmöglich, alle Tage, Nächte, Wochen, Monate, Jahre zu beschreiben, in denen ich um das Leben meines Kindes gekämpft habe. Ich hoffe, dass ich hier einen Weg finde, der mich und Sonja von dem tödlichen Virus Sektendoktrin befreit.

Ich werde das Gefühl nicht los, dass ich aus zwei Personen bestehe. Manchmal fühle ich mich als ICH. Doch urplötzlich ist in meinem Kopf das Sekten-ICH, mit Vorschriften und Drohungen. Dann verbiete ich mir, Geburtstag oder Weihnachten zu feiern. Ich hasse den Gedanken: Was, wenn die Zeugen Jehovas doch Recht haben? Was, wenn Harmagedon vor der Türe steht? Ich möchte eine Antiquität kaufen, ohne die Angst, mir damit Dämonen ins Haus zu hohlen, weil sie aus dem Haushalt eines Spirististen stammen könnte.«

Unter Tränen schloss sie ihren Bericht mit der Frage: »Warum gelingt es mir nicht, einfach das Leben - mein Leben, mich - zu spüren. So, dass ich ganz in mir drinnen weiß: Das bin ICH - es ist mein Leben?!«

Sophia war sichtlich erschöpft und aschfahl. Die Gruppe fand keine Worte. Die ganze Tragweite dieser Erzählung schien unfassbar.

Maria wollte das alles nicht glauben. »Das kann doch alles nicht wahr sein«, sagte sie schließlich energisch. »Keine Frau lässt sich heutzutage sowas gefallen. Ich hätte diese Folterer sofort angezeigt«. Sie war nicht nur betroffen, sondern auch empört.

»Maria, verstehe ich deine Reaktion richtig?« Schaltete sich Griseldis ein. »Du möchtest nicht sagen, dass Sophia in ihrer Schilderung die Unwahrheit sagte, sondern, dass du es empörend findest, wie solche Dinge ungesühnt passieren können?«

»Genau«, bestätigte Maria. »Ich bin empört, betroffen und fassungslos. Ich erkenne leider gewisse Strukturen, die ich in meinem Leben ebenfalls ohne Widerspruch duldete.«

26 Marias Erfahrungen in der Orga.

»Ich bitte dich, nimm die Pyramide und erzähle uns etwas davon«, schlug Griseldis vor. Maria nahm die Pyramide und augenblicklich veränderte sich ihre Haltung. Sie sank in sich zusammen, seufzte, wirkte unsicher und begann mit der Frage: »Ja, wo soll ich denn anfangen?« Nach einer längeren Pause gab sie sich einen Ruck und erzählte:

»Ich hatte eine Tierarztpraxis im Allgäu, die mich zunehmend überforderte. Mein Partner beklagte sich über meinen chaotischen Lebensstil und darüber, dass ich - trotz aller Hektik, - im Verhältnis zu wenig Ertrag erzielte. In unserer Beziehung kriselte es.

Zufällig sprachen mich auf der Straße zwei sympathische, junge Frauen an. Sie offerierten einen kostenlosen Persönlichkeitstest. Warum nicht, dachte ich und akzeptierte das Angebot. Das Ergebnis bestätigte im Prinzip die Klagen meines Lebensgefährten. Ich bekam den Rat, Kurse für Betriebsführungstechniken und Persönlichkeitsveränderung zu buchen. Die Einführungskurse kosteten 600 Euro. Sie garantierten mir einen messbaren Gewinn. Ich ließ mich darauf ein.

Zunächst wurde uns Kursteilnehmern erklärt, dass wir »aberriert« seien. Das bedeutet, wir seien durch Thetane gelenkt, die geistige Störungen verursachen. Alle Nicht-Gereinigten, wären davon betroffen, das heißt, alle Menschen, die solche Kurse noch nicht besucht hatten. Durch die Kursverfahren könnten wir von diesen Thetanen geklärt werden. Völlig clear würden wir in 8 Stufen. Danach wären wir selbst operierende Thetane, frei vom Einfluss Xenus, der die bösen Thetane auf unseren Planeten beordert hat. Wir könnten dazu beitragen, die Menschheit vor dem bevorstehenden Massenselbstmord zu retten, den der galaktische Herrscher Xenu mittels seiner Thetane plant. Das ist praktisch dieselbe Geschichte, wie sie Sophia erzählt, nur mit anderen Namen für das drohende Ende.

Niemand in meinem Kurs äußerte Bedenken oder Zweifel an den vermittelten Informationen. Die Referenten traten kompetent und überzeugend auf. Keiner von uns wollte auf das versprochene Ziel, ein selbstbestimmter, freier OT - operierender Thetan - zum Wohle der Menschheit zu werden, verzichten.

Wir Teilnehmer buchten weitere Kurse. Jeder kostete mehr als der Vorherige. Die Kurse dienten dem Zweck, unmerklich die Kontrolle über unsere Gedanken zu übernehmen. Wir erkannten das feine Netz nicht, das uns in die Fänge einer ausbeuterischen Organisation holte.

Angeblich vermittelten die Kurse wissenschaftlich fundierten Erkenntnisse. Ich vertraute blind. Unmerklich geriet ich in ein Überwachungs- und Kontrollsystem, das mich mehr und mehr von meinem bisherigen Umfeld isolierte. Zuletzt war ich sogar bereit mich dem Auditing zu unterziehen. Das bedeutete, jede Information, die ich als kritische, oder warnende Äußerung hörte, musste ich melden. Ein totales Kontrollsystem, aus dem es kein Entrinnen gab. Jeder überwachte jeden. Niemandem konnte man vertrauen. Meine Angehörigen wollten mich schützen. Sie warnten mich. Sie unterstützten mich finanziell nicht mehr. Deshalb musste ich jeden Kontakt zu ihnen abbrechen. Sie wurden zu Feinden erklärt.

Das System an ausgeklügelten harmlosen und investigativen Gewissensfragen verfehlte die beabsichtigte Wirkung nicht. Die Drohung, durch die übermächtige Kraft des Thetans zerstört zu werden, falls ich nicht absolut wahrheitsgemäß antwortete, löste meine Zunge. Ich erinnere mich an Fragen wie:

»Kennen sie jemanden, der gegen die Beteiligung an OT-
Komitees aufbegehrt, oder deren Aktivitäten und Zielen
widerspricht?«

Diese Komitees werden von Operierenden Thetanen gebildet.
Sie haben bestimmte Ziele und Vollmachten, denen nicht
widersprochen werden darf.

Darauf zielt auch die Frage: »Wissen sie über jemanden
Bescheid, der die Errichtung von idealen Orgs mies macht oder
daran zweifelt?«

In vielen Ländern werden Unterorganisationen gegründet, die
die Ziele der Zentralen Orga fördern. Indem sie als
gemeinnützige Organisationen oder zur Förderung von Kindern
und Jugendlichen auftreten, verschleiern sie die wahren
Absichten.

»Wissen sie über jemanden Bescheid, der sich gegen
Veranstaltungsbesuche sträubt, oder vorgibt stattdessen etwas
anderes zu tun«, war eine sehr gezielte Frage. Ein Spitzel
denunzierte mit der wahrheitsgemäßen Antwort, andere
Mitglieder.

Am Anfang meiner Kurse wurde ich mit der Freundlichkeit und
der Aussicht auf Weltverbesserung gelockt. Erst nach und nach
veränderte sich das Bild in Richtung Kontrolle und Ausbeutung.
Für den Ausstieg, vor Erreichen des Levels Operierender
Thetan, sah ich keine Möglichkeit mehr. Ich war bereits zu tief
in dem System gefangen. OT sollte ein Zustand sein, um
Materie, Energie, Raum und Zeit zu kontrollieren. Ich hatte

mittlerweile fast 500 000 Euro für meine - wie ich glaubte - geistige Reinigung ausgegeben. Ich wollte nicht wahrhaben, von einem kontrollierenden System hereingelegt worden zu sein.

Viel zu lange Zeit manipulierte ich mich selbst, indem ich Dinge verharmloste, verdrängte oder mich weigerte sie zu sehen. Ich erreichte die Stufe 8 clear und war physisch und psychisch am Ende. Finanziell stand ich vor dem Ruin. Ich war überzeugt, dass die Orga die einzige Hoffnung für die Ewigkeit, Erlösung und totale geistige Freiheit ist. Ich glaubte, ohne sie könnte ich spirituell, intellektuell oder emotional nicht wachsen. Ich akzeptierte nur sie als sichere Umgebung für mich und vor allem die einzige Hoffnung, diesen Planeten zu retten.

Ich fuhr voller Selbstzweifel und Schuldgefühle nach Amerika um in der Ethik-Abteilung des Celebrity Centers, um Hilfe zu bitten. Dort begegnete mir das Schlimmste vom Unvorstellbarsten. Dreißig Stunden am Stück musste ich schwere körperliche Arbeit verrichten. Danach durfte ich drei Stunden auf einer durchweichten, schimmligen Matratze, unter freiem Himmel schlafen. Ich aß die weggeworfenen Essensreste des Zentrums.

Eine Mutter fand ihr Kind mit hohem Fieber und voller Fliegen auf einer urindurchtränkten Matratze. Ihr gelang die Flucht. Meine Eltern weigerten sich, für meinen Aufenthalt in Amerika zu bezahlen. Mein Haus war verpfändet und meine Praxis geschlossen. Völlig mittellos wurde ich sofort nach Hause geschickt. In meiner Verzweiflung versuchte ich, mir das Leben zu nehmen. Meine Mutter verhinderte es im letzten Augenblick. Ich bin hier, weil ich hoffe, in mein früheres Leben zurückzufinden«.

»Eine unglaubliche Geschichte,« unterbrach Sophia das betroffene Schweigen. »Wo siehst du Parallen zu meinem Leben?«

»Du erzähltest von kriminellen Machenschaften und ich dachte, das kann sich doch keine Frau bieten lassen. Das muss sie anzeigen. Dann wurde mir bewusst, was ich nicht angezeigt hatte. Ich erkenne, wie viel Macht ein System hat, wenn es nur geschickt genug vorgeht. Ich hätte bestimmt allen Grund gehabt, Anzeige zu erstatten.«

»Ich wüsste gerne, wieso ein Kind im Celebrity Center war«, hakte Gotthilf nach.

»Die Orga macht keinen Unterschied zwischen Kindern und Erwachsenen. Sie betrachtet die Kinder als Erwachsene mit kleineren Körpermaßen und Körpermaschinen für die Thetane. Eltern bekommen für die Erziehung ihrer Kinder konkrete Anweisungen. Sie müssen verhindern, dass Engramme - schlechte Erfahrungen oder Locks entstehen. Sie wären aberrierend, das heißt störend oder hemmend für den Zugang des Thetans.

Kinder dürfen bei Schmerzen keine Schmerzlaute von sich geben. Wenn sie weinen, dürfen sie nicht mit sentimentalen Worten getröstet werden. Das Schweigen soll verhindern, dass sich Engramme und Locks bilden, die zu einer Kette von Emotionsinformationen werden. Kinder, die diese Form der Konditionierung nicht aushalten und eine Lock-Kette gebildet haben, werden dem Auditing unterzogen um clear zu werden. Wenn auch das nicht zu dem gewünschten Erfolg führt, kommen sie als letzte Station in das Celebrity Center. Im Erfolgsfall werden sie brauchbare Arbeitssklaven.«

Die Gruppe hatte verblüfft und betroffen dieser unglaublichen Schilderung gelauscht.

Gotthilf machte seiner Empörung Luft: »Wieso fühlt sich niemand für Kinder in solch gefährdender Umgebung zuständig?«, fragte er zornig.

»Wer kennt diese Vorgänge hinter den unsichtbaren Mauern solcher Gruppen?«, fragte Quirin sehr nachdenklich. »Maria erzählte, dass die Abschottung nach außen gewollt ist und offenbar durch wirksamen Druck erfolgreich praktiziert wird.«
»Das Problem liegt darin, dass die Mitglieder der Gemeinschaft überzeugt sind, das Beste für ihre Kinder zu tun. Eltern setzen sich natürlich gegen jede Einmischung von außen zur Wehr. Ich

habe es jedenfalls bei der Erziehung meines Sohnes getan«, erklärte Klara sehr nachdenklich.

27 Kindeswohl nach § 1631 BGB

«Da muss ich dir Recht geben«, bestätigte Gotthilf. »Viel zu lange verteidigte ich diese Erziehungsmethode, sogar gegenüber meinem eigenen Gewissen. Hier versagt der Staat in seiner Fürsorgepflicht gegenüber den Wehrlosen. Das Kindeswohl ist nach deutschem Recht zu schützen. § 1631 BGB Abs. 2 habe ich auswendig gelernt, weil ich um das Wohl meines Kindes gestritten habe. Er lautet: "*Kinder haben ein Recht auf gewaltfreie Erziehung. Körperliche Bestrafungen, seelische Verletzungen und andere entwürdigende Maßnahmen sind unzulässig.*"
Bei offensichtlicher körperlicher Gewalt gibt es Hilfen. Die seelischen Verletzungen sind unsichtbar. Doch gerade diese sind nachhaltig. Manchmal lebenslänglich.«

28 Klaras Leben mit den Geisterkannten

»Klara nimm bitte die Pyramide und erzähle uns deine Geschichte«, bat Griseldis.

Klara hielt die Pyramide mit geschlossenen Augen in Händen. Sie überlegte, womit sie beginnen sollte.
»Eure Erzählungen vermitteln mir den Eindruck, dass strenge Erziehungsmethoden wie ein roter Faden, die Verbindung zu

unseren Gemeinschaften darstellen. Ich gehörte zu der Gruppe der Geisterkannten. Gehorsam war oberstes Gebot. Ich hielt mich gewissenhaft an alles, was wir in dem geoffenbarten Buch, so nannten wir die Bibel, lasen. Der Grundsatz lautete, Gott mehr zu gehorchen als den Menschen. Wie Gottes Willen gemäß den Schriften zu verstehen war, erklärte uns die geisterkannte Führung. Die Kommune war unsere liebevolle Schutzvorkehrung. Nur die Rechtgläubigen bekommen die Geistleitung Jachwés. Mein Sohn begann in der Pubertät gegen die Einschränkungen, die sein Geistiggesinntsein schützten, zu rebellieren. Er sündigte mehrmals und wurde von einem Rechtstribunal verwarnt. Das Tribunal beschloss, ihn aus der Kommune zu entfernen. Er wurde verurteilt und von der Gruppe der Rechtgläubigen abgeschnitten. Von meinem Mann und mir erforderte das Gehorsamsgebot, dieses Urteil demütig anzunehmen und den Kontakt zu unserem erwachsenen Sohn abzubrechen.

Ich verstehe die Mutter sehr gut, die mit ihrem kranken Kind aus dem Celebrity Center flieht. Ich handelte ebenfalls ungehorsam und fügte mich nicht dem Urteil des Tribunals. Ich brach den Kontakt zu meinem einzigen Sohn nicht ab. Tag und Nacht flehte ich zu meinem Gott um Vergebung meiner Sünde. Ich bettelte darum, dass er das Herz meines Sohnes zur Umkehr bewegt. Er möge seinen sündigen Lauf bereuen, damit er wieder in die Gemeinschaft aufgenommen werden konnte. Mehrfach ermahnten mich die Geisterkannten Vorsteher, meinem Sohn nicht in der Sünde zu folgen. Ich hatte nicht die Kraft, mich von ihm loszusagen.

Darum beschloss das Tribunal auch mich und meinen Mann abzuschneiden. Es schloss uns von der Gemeinde der Geisterkannten aus. Alle Mitglieder der Gemeinde hatten sich augenblicklich von uns zu distanzieren.

Ich fühle mich so schuldig. Warum ist mein Glaube nicht stark genug? Warum hat mir Jachwé die Prüfung des Abraham auferlegt? Warum wollte er, dass ich meinen Sohn ebenfalls opfere und dem Feuersee, dem ewigen Tod zusammen mit dem Teufel und seinen Dämonen übergebe? Wenn er ein Gott der Liebe und allwissend ist, durfte er diese Prüfung nicht von mir verlangen. Wusste er, dass ich reuelos und für die Verdammnis bestimmt bin? Wurden meine flehetlichen Bitten darum nicht erhört? Das schien mir die einzig mögliche Erklärung.

Mit dieser Überzeugung sah ich keinen Grund, meine Qualen noch weiter zu ertragen.

Ich habe keine Perspektive. Was soll ich in dieser Welt anfangen? Nichts wovon ich überzeugt bin, nützt mir noch. Über mein früheres Leben zu sprechen ist mir peinlich. Es versteht mich sowieso niemand. Ich fühle mich schuldig, wegen meines Versagens im Glauben. Ebenso, weil ich nun nichts mehr dazu beitragen kann, die Rettungsbotschaft zu verbreiten. Ich vermisse meine früheren Freunde.

Nachdem ich so total versagt habe, bin ich nutzlos. Ich weiß nicht, wie ich eine richtige Entscheidung treffen kann. Ich kann mich nicht fühlen. Ich kenne mich nicht. Das Bild, nach dem ich funktionierte, existiert nicht mehr. Es ist mir fremd, hat nichts mit meiner Person zu tun.

Mein Sohn verlor nach seiner Abschneidung völlig den Halt. Er geriet in die Drogenszene, konsumierte viel zu viel Alkohol, brach die Ausbildung ab. Für alle Probleme, in denen unsere Familie nach dem Trauma steckte, machte er mich verantwortlich. Ich hatte ihn im Glauben erzogen. Trotz aller Demütigungen durch die Kommune sagte ich mich nicht vom Glauben los. Zuletzt sprach mein Sohn nicht mehr mit mir.

Ich sah keinen Ausweg mehr und versuchte mir das Leben zu nehmen.

Das Zusammentreffen vieler Zufälle zur gleichen Zeit führten dazu, dass ich überlebte. Das muss ein Zeichen sein. Ein Auftrag für mich, aus meiner Erfahrung zu lernen. Wenn möglich etwas an andere weiterzugeben. Ich bin nicht die Einzige, die in größten Gewissensnöten scheinbar keinen Ausweg findet. Das habe ich aus Euren Berichten gelernt. Es gibt so viele Gemeinsamkeiten. Ich möchte das besser verstehen.«

Erschöpft und mitgenommen von der Erinnerung, schwieg Klara. Maria fühlte mit ihr.

»Ich denke, ich weiß, welche Verzweiflung deinem Entschluss vorausging«, sagte sie.

»Gab es bei euch auch ein Sündenregister? Was haben die Vorsteher der Kommune deinem Sohn vorgeworfen?«

»Oh ja«, bestätigte Klara. »Das Regelwerk ist sehr umfangreich. Ich erinnere mich zum Beispiel an die schlimmste aller Sünden, die Abtrünnigkeit. Ein Gottesdienst-Besuch bei einer anderen Religionsgemeinschaft zählte zum Beispiel zu dieser Sünde. Ganz streng wurde auch darauf geachtet, dass wir Geburtstage, Weihnachten oder andere kirchliche Feste mieden. Es ist verboten eine Arbeit anzunehmen, die von einer Religionsgemeinschaft oder einer politischen Partei bezahlt wurde. Kritik an den Lehren äussern zählt zur Abtrünnigkeit. Oberste Priorität hatte die extreme Forderung, den Kontakt zu den Abgeschnittenen oder solchen zu meiden, die unsere Kommunen-Gemeinschaft freiwillig verlassen hatten. Viele Tränen verzweifelter Angehöriger wurden wegen dieses Verbotes vergossen. Es reißt Familien auseinander. Wer Zweifel an der Lehr-Auslegung unserer treuen Führung äußert und nicht bereut, wird erbarmungslos abgeschnitten. Er zählt zu den schlimmsten aller Feinde.

Viele Gebote sind selbstverständlich für jeden ehrlichen Menschen nachvollziehbar wie: Betrug, Verleumdung, bewusstes, böswilliges Lügen; Falschaussage.

Es gibt extreme Vorschriften zu Sünden wie dreistes, zügelloses Verhalten. Es ist keine private Angelegenheit welche Kleidung,

Musik, oder Filme jemand bevorzugt. Freunde durften nur Mitglieder unserer Kommune sein.

Es ist nicht erlaubt, eine Nacht bei einer Person vom anderen Geschlecht oder bei jemandem, der als homosexuell bekannt ist, zu verbringen.

Zu der Rubrik Unreinheit zählen Drogenkonsum, Rauchen, mehrfache Trunkenheit.

Habgier ist ein Grund für ein Rechtstribunal. Das könnte zum Beispiel bei Profiboxen oder Glücksspiel der Fall sein.

Der häufigst Grund für ein Tribunal ist Porneia. Dazu zählt Masturbation oder sexuelle Praktiken wie oraler und analer Verkehr. Das wird als widernatürlicher, unsittlicher Gebrauch der Genitalien in unzüchtiger Absicht definiert. Es spielt keine Rolle, ob verheiratete oder ledige Personen solche Sünden begehen. Das Tribunal lädt sie vor, wenn sie gestehen oder denunziert wurden.

Mein Sohn wurde der schweren Unreinheit bezichtigt. Er verliebte sich. Er umarmte das Mädchen, streichelte ihre Brüste und küsste sie. Er bereute nichts. Das führte zur Abschneidung.

Ein Selbsttötungsversuch wird ebenfalls vor einem Tribunal verhandelt. Die Anklage lautet da versuchter Totschlag.

Meine Abschneidung erfolgte wegen unverschämter, überheblicher Haltung, die ich durch den Kontakt zu meinem Sohn bewies.

Belastende Vorkommnisse im System verdrängte ich lange Zeit. Fälle von sexuellem Missbrauch an Kindern zum Beispiel. Die

Betroffenen haben mir von ihrem Leid unter Tränen berichtet, weil das Tribunal nicht gegen den Täter aktiv wurde. Er leugnete und die Opfer hatten keine zwei Zeugen. Sie erhielten die Auflage, zu schweigen. Andernfalls drohte ihnen wegen der Sünden Verleumdung, übler Nachrede oder Erregung von Spaltungen ein Verfahren vor dem Tribunal. Ich gestehe, dass ich diese Regelung schwer ertragen konnte.

Permanent kreiste das Damoklesschwert der Vernichtung über unseren Köpfen. Es drohte die Exekution durch Gottes Strafgericht oder durch den geistigen Tod der Abschneidung.«

Klara malträtierte während ihrer Rede die Pyramide heftig. Sie konnte ihre Erregung nicht zügeln. Das übertrug sich auf die Gruppenteilnehmer und mündete in allgemeiner, fassungsloser Empörung. Griseldis stellte die Pyramide in die Mitte der Gruppe neben die leise plätschernde Brunnensäule.

29 Die Gemeinsamkeiten aufdecken.

»Eure Schilderungen haben mich tief berührt. Aussenstehende wie ich können schwer nachvollziehen, wie ihr emotional mit der täglichen Bedrohung umgegangen seid. Die intensiven Erfahrungen zu hören, geht sicher auch jedem von euch nahe, der es selbst erlebte. Versuchen wir mit einer abschließenden Übung, den Gefühlen Worte zu geben.

Bitte stellt euch vor, Ihr seid Spiegel. Jeder spiegelt sich in jedem, indem er Gemeinsamkeiten sieht. Sucht euch aus, in welchem Spiegel ihr eine Übereinstimmung zu eurem Leben findet und beschreibt eure Wahrnehmung. Euer Spiegel reflektiert, ob er ebenfalls eine Übereinstimmung erkennen kann. Falls euch eine Abweichung aufgefallen ist, erklärt sie bitte. Lasst uns analysieren, wie die Spiegelung Antworten auf unsere Fragen geben kann. Wer möchte anfangen?«

»Ich«, begann Maria. »Ich spiegele mich mit Gotthilf. Er erlebte das Diktat seines Vaters. Das ging mir ähnlich. Mein Vater duldete keinen Widerspruch. Gemäß seinen Ansprüchen leistete ich nie genug. Er bestand darauf, dass ich studiere. Wegen einer schlechten Zeugnisnote geriet er in Wut. Bei uns kam das Essen pünktlich auf den Tisch. Ob und wie lange ich mit wem ausgehen durfte, bestimmte mein Vater.
Über meinen Traum, Meeresbiologie zu studieren, war mit ihm nicht zu reden. Ich studierte Tiermedizin. Gotthilf studierte ein ungeliebtes Fach und wurde von der Mutter verlassen.
Ich fühlte mich ebenso von meiner Mutter verlassen. Sie nahm mich nie vor meinem Vater in Schutz. Ich ließ mich auf das Angebot der Scientologen ein, um meinem Vater zu beweisen, dass ich perfekt bin.«

»Das ist ein interessanter Aspekt, Maria«, sagte Gotthilf verwundert. »Du siehst es richtig. Das autoritäre Verhalten meines Vaters erdrückte mich. Ich wollte nicht BWL studieren. Ich suchte nach dem Gott, der angeblich hilft, wenn man sich selbst hilft. Ich wollte seine Bedingungen kennen lernen. Die hierarchische Struktur in Sus erinnerte mich an meine Familie. Feste Regeln und der Anspruch, zu gehorchen, war für mich normal. Die Antworten auf meine Fragen nach Gott fesselten mich. Den Beteuerungen alles ist göttliche Fügung, glaubte ich bereitwillig. Meine Gefühle, meine Sehnsüchte, wurden berührt. Mein Vertrauen zu gewinnen war eine leichte Übung für die Seelenfänger.«

»Darf ich?«, schaltet sich Klara ein. »Mein Spiegel ist Quirin. Er wuchs in einer Familie auf, in der Religion fester Bestandteil des Lebens war. Die Traditionen zu pflegen war selbstverständlich. Es sind Überlieferungen seit Generationen. Meine Eltern und Großeltern sind gläubige Mitglieder der Geisterkannten. Es gab für mich keinen Grund, an dem zu zweifeln, was sie mir überlieferten. Ich habe ein klares Bild davon, wie wir sein müssen, um gottgefällig zu handeln. Die Religion definiert Sünde und Strafe. Die Religion fordert Gehorsam und Buße. Allein bei dem Gedanken daran, zu zweifeln, fühlte ich mich schuldig.

Ich hörte Quirin aufmerksam zu und spürte seinen Kampf um das Verstehen. Wie hat er sich bis zum Äußersten verausgabt, um die Sünde zu bekämpfen. Er versucht zu verstehen, wo der Sinn in dem göttlichen Auftrag für ihn ist. Wozu soll er in Keuschheit die Tugend der Selbstbeherrschung leben? Ich will

ebenso verstehen, warum Gott es Sünde nennt, wenn sich zwei Menschen verlieben und bestimmte Regeln nicht einhalten. «
»Du überraschst mich sehr, Klara!«, rief Quirin aus. »Du sprichst exakt die Gedanken aus, die mich quälen. Ich fühle mich schuldig wegen meiner Zweifel. Ich will dem göttlichen Willen nicht zuwiderhandeln. Ich frage mich: Ist der Wunsch es verstehen zu wollen, Vermessenheit? Wo liegt der Sinn darin, einer Versuchung erfolgreich zu widerstehen?«

30 Der Sinn des Lebens.

»Ihr sprecht eine Frage aus, die lebenswichtig - ja sogar überlebenswichtig ist. Menschen fragen in schwierigen oder verzweifelten Situationen: Was hat das alles für einen Sinn? Sie stellen die Frage nach dem Sinn des Lebens und bekommen keine Antwort. Die könnte bestenfalls lauten: Der Sinn des Lebens ist leben.«

Griseldis reagierte auf diese entscheidenden Fragen.
»Fragt einmal anders: Was ist der Sinn MEINES Lebens? Wozu ist meine Erfahrung gut? Der Mensch kann im sinnlosen Sein ebenso wenig existieren wie in einem luftleeren Raum. Er kann, wird und muss den Sinn seines persönlichen Lebens finden. Das ist der Auftrag. Eine persönliche Begabung ist nicht übertragbar. Quirin wird den Sinn seines Lebens entdecken. Klara wird den Auftrag oder Sinn ihres Lebens finden. Es ist unser gemeinsames Projekt, die Weichen für eure Wege zu

stellen. Ihr findet die Antwort und den Wunsch, am Leben zu bleiben.

Ich bin berührt von euren Berichten«, fuhr sie fort. »Es ist mutig, offen über verborgene Gedanken zu erzählen. Mir fielen eine Anzahl Parallelen in euren Erfahrungen auf: Forderungen, die unerfüllbar sind, das Gefühl machtlos und schutzlos ausgeliefert zu sein. Eingeschlossen in dem Glauben, Glück und Sicherheit seien nur durch Gehorsam zu finden. Jeder von euch zeigt eine innere Stärke, die aufbegehrt und nach den eigenen Wegen sucht. Ist es für euch in Ordnung, wenn wir bei unserer nächsten Runde nach weiteren Gemeinsamkeiten suchen?

Aufgewühlt und erleichtert stimmten alle dem Vorschlag zu und verabschiedeten sich bis zum nächsten Termin.

31 Strategie entwickeln.

In der Teambesprechung des Kollegiums berichtete Griseldis von dem Verlauf der Gruppensitzung und ihrer ersten Einschätzung.

»Für mich unerwartet, erzählten die Teilnehmer, vermutlich unbewusst, zuerst von ihren Belastungen mit religiösem Hintergrund. Auffällig ist die psychopathogene Wirkung von übergriffigen religiösen Vorschriften. Hier vermute ich eine Grenzverletzung der Würde des Menschen durch fundamentalistische Bewegungen innerhalb der synkretistischen Neureligionen. Jede der Gruppierungen hat offenbar eine eigene Mixtur von Glaubensinhalten zusammengestellt, die mehr oder minder diktatorisch praktiziert wird. Problematisch scheint auch eine extrem religiöse Erziehung innerhalb der traditionellen Großkirchen, wenn sie mit der Drohung von Sünde und Strafe verbunden ist.

»Verehrte Kollegin, diese religiösen Fanatiker haben alle Merkmale des Wahnsinns. Sie fühlen sich von ihren Mitmenschen bedroht und verfolgt, obwohl es dafür keinerlei Anhaltspunkte gibt. Sie haben Alpträume von Weltuntergang, Atomkrieg, Verfolgung und was noch an Bedrohungen existieren könnten. Sie isolieren sich von der Umwelt und bestätigen sich gegenseitig in ihren Ängsten. Sie sind doch therapieresistent für uns«, gab eine Kollegin zu bedenken.

»Dem können wir aus Erfahrung durchaus theoretisch zustimmen.« Dr. Lukas wirkte nachdenklich. »Ich erinnere mich an Festingers Theorie zur Bewusstseinskontrolle. Die Grundlage zum Verständnis diktatorischer Glaubenssätze ist, zu verstehen, wie kognitive Dissonanz in kognitive Konsonanz umgedeutet wird. Sekten manipulieren Mitglieder subtil. Die Mitglieder beurteilen Fakten nicht mehr nach ihrer Plausibilität und ihrem Inhalt, sondern nach dem Ursprung der Information. Was von der anerkannten Führung publiziert wird, bedeutet Wahrheit und wird ungeprüft übernommen. Andere Quellen sind tabu weil feindlich oder unwahr. Sekten bilden eine Parallelwelt. Eine Meinung ist nur zugelassen, wenn sie zu den Dogmen passt. Die Fähigkeit zur selektiven Wahrnehmung wird fortwährend trainiert. Nach Festinger versucht der menschliche Geist stets Verhalten, Gefühle und Verstand in Übereinstimmung miteinander zu bringen. Für fragwürdige Handlungen wird eine rationale Erklärung gefunden. Diskrepanzen zwischen Handlungen, Gefühlen und Verstand werden durch Komponenten ausgeglichen, die eine Konsonanz ermöglichen.

Nach Ihrer Schilderung Kollegin Redlich, ist die Gruppe kooperativ. Sehen Sie eine Chance, durch einen Wechsel der Perspektive in der Betrachtung der Glaubensinhalte, auf die psychische Gesundung einzuwirken?«

»Ja, diese Chance sehe ich durchaus«, antwortete Griseldis Redlich. »Ich verschaffe mir derzeit einen Überblick über die Tragweite der destruktiven Konditionierung. Für die Klienten meiner Therapiegruppe funktionierten anscheinend die Mechanismen der kognitiven Anpassung nicht. Mein nächster Therapieansatz gilt der Re-Evaluation. Ich will die Gruppe in eine diskursive Auseinandersetzung, mit dem Ziel verwickeln, sie zu einer Neubewertung ihrer jeweiligen Mitgliedschaft zu bewegen. Mir ist bewusst, dass ich dazu überzeugende Argumente benötige. Sie erwarten gesicherte, nachweisbare Informationen aus seriösen Quellen. Sie müssen logisch und in sich widerspruchsfrei sein. Wenn es mir gelingt, das Vertrauen der Gruppe zu behalten, bestehen gute Erfolgsaussichten.«

»Mein Kompliment für Ihr Engagement«, lobte Dr. Lukas. »Ich schlage vor, Sie arbeiten in diesem Sinne weiter. Hoffen wir auf positive Ergebnisse«, beendete er die Sitzung.

Die Routine des Klinikalltags begann.

Frau Dr. Redlich studierte das Buch von M.T. Singer/Lalich, über Sekten. Die Autorin schreibt, dass sich Psychologen nicht bewusst sind, was in einer Sekte oder religiösen Sondergemeinschaft geschieht.

Da hat sie Recht. Ich habe mich nie mit den internen Vorgängen in isolierten Gruppen befasst, überlegte sie selbstkritisch. Bisher übernahm ich unbesehen die Ansichten Außenstehender. Professoren der Uni dozierten, Religion sei eine private Angelegenheit und nur eher primitive Menschen suchten Halt in der Religion. Psychotherapie hätte religiös und weltanschaulich neutral zu sein. Damit komme ich nicht zum Ziel, dachte sie. Die Teilnehmer meiner Gruppe sind nicht primitiv. Es war klar: Sie brauchte dringend mehr Informationen zum Wesen des religiösen Fundamentalismus. Für Dr. Redlich stand fest, dass niemand aus der Gruppe unter einer ernsthaften psychischen Erkrankung litt. Die ausgesprochenen Probleme schienen durch erzwungene Denkmuster entstanden zu sein. Das Verhalten, die Gefühle, die Gemütsverfassung wurden durch Fremdbestimmung dem Anspruch in der Gruppe angepasst. Dass ein massiver Eingriff in die Persönlichkeit zu psychischem Stress und Versagensängsten führen kann, ist psychologisch unbestritten. Sie war entschlossen, die Gruppe zu animieren, ihre Beziehung zu ihrer Religionsgemeinschaft neu zu bewerten. Sie sollten übergestülpte, konstruierte Persönlichkeiten, die vollkommen sein sollen, doch niemals sein können, entlarven. Die Hülle erkennen und abstreifen, ist das Ziel.

Erneut gestaltete Dr. Redlich den Raum zum gemeinsamen Ruhepunkt. Erwartungsvoll und nicht mehr zögerlich, kamen die Teilnehmer und nahmen ihre Plätze ein.

»Lasst uns an dem vorherigen Treffen anknüpfen«, startet die Therapeutin die Sitzung. »Was wollt ihr der Gruppe mitteilen? Worüber habt ihr nachgedacht? Wir geben unsere Wortpyramide reihum weiter.« Damit übergab sie das Wort an Maria, die zu ihrer Rechten Platz genommen hatte.
»Klaras Bericht beschäftigte mich«, begann sie. »Während ich ihr zuhörte, dachte ich: Wie kann man sich so unterdrücken lassen und ernsthaft glauben, es sei gottgewollt? Plötzlich entdeckte ich viele Parallelen zu meinem Glauben. Letztendlich haben mich die unbeugsamen Forderungen nach Gehorsam nicht nur mein gesamtes Vermögen gekostet, sondern beinahe mein Leben.
Als Scientologin hätte ich Klara spontan geraten, ihre Körpermaschine reinigen zu lassen. Wenn alle negativen

Engramme entfernt sind, wäre sie clear und ein operierender THetan. Jetzt frage ich: Wieso hat das bei mir nicht funktioniert? Wieso war Klara nicht imstande die Anforderungen zu erfüllen? Sie glaubt an ihre Wahrheit. Die Kommunenmitglieder glauben das, so wie es offenbar auch die Mitglieder der Scientology glauben. Warum funktioniert es nicht bei allen?«

Maria gab Gotthilf mit einem Schulterzucken die Pyramide. Die Wortpyramide funktionierte als psychologische Hilfe sehr gut. Die Gruppe ließ jeden ausreden, der die Pyramide in Händen hielt.

32 Gotthilf resümiert.

»Das Gleiche kann ich sagen«, begann er. »Ich bezweifelte nicht, dass die 12 Stämme Gottes Wort richtig und wahrhaftig nach der Bibel leben. Ich frage mich, wieso berufen sich Mitglieder anderer Glaubensgemeinschaften auf dieses Buch mit derselben Behauptung und kommen zu anderen Auslegungen? Nicht nur Klara, auch Sophia erzählt von dem Anspruch, die Wahrheit zu besitzen. Das Gebot, zu gehorchen, ist unüberwindlich absolut. Eine Übertretung wird mit dem Gericht Gottes bedroht. Die Autorität der Führung ist Gott gleichgesetzt. Gab Gott den Menschen verschiedene Wahrheiten? Was ist der Sinn von Geboten, die viele Menschen nicht einhalten? Ist Gottes Absicht Bestrafung? Oder ist er eine

Erfindung des Menschen mit unterschiedlichen Zielen? Mir fällt es schwer, an einen Gott der Liebe zu glauben, der über ein tödliches Repertoire an Strafen und Grausamkeiten verfügt.«

33 Klaras Gedanken

Die Nächste in der Runde war Klara. Gedankenverloren spielte sie mit der Pyramide in ihren Händen, gab sich nach einer Weile einen Ruck und begann nachdenklich: »Mir ist die Schilderung von Sophia nicht mehr aus dem Kopf gegangen. Ich erzählte meinem Sohn ebenfalls Geschichten über Dämonen. Ich fühle mich von ihnen beobachtet. Das geoffenbarte Buch warnt uns davor, ihren Einfluss zuzulassen. Es hängt von unserem Verhalten ab, ob sie über uns Macht bekommen. Sie sind der Grund, warum wir in Glaubensprüfungen versagen. Die Geistleitung besteht nachdrücklich darauf, Praktiken zu vermeiden, die Dämonen einladen, uns zur Sünde zu verleiten. Ihre liebevolle Autorität und Sorge um das ewige Wohl forderte die Verleugnung der eigenen Bedürfnisse. Die Weigerung eigene Gefühle zu zügeln, um sie der Geistleitung zu unterwerfen, birgt die Gefahr, aus der Gemeinschaft ausgestoßen zu werden. Wem das widerfährt, verliert die Liebe aller und geht auf dem Weg der Vernichtung. Mein Sohn verweigert diesen demütigen Gehorsam. Ich wollte alles in meiner Macht stehende versuchen, um seine Errettung zu sichern. Jetzt fühle ich mich schuldig und wertlos. Bei meinen Sohn versagte ich. Er ist verloren, obwohl ich mich sogar gegen die Anweisungen der Geisterkannten stellte. Die geistgeleitete Führung behauptet, das ist meine Schuld. Mein Glaube wäre zu schwach, um meine selbstsüchtige Liebe zu meinem Sohn zu bekämpfen. Wie es sich zeigt, sagen die Rechtgläubigen die Wahrheit. Auch für die Rettung der Welt kann ich nichts mehr tun. Diese Gedanken sind der Grund für meine Verzweiflungstat. Warum sollte ich am Leben bleiben?«

34 Quirin erklärt seine Theologie zu Dämonen.

»So darfst du nicht denken!«, protestierte Quirin der die Wortpyramide übernahm. »Es gibt immer einen Grund, am Leben zu bleiben«, sagte er. »Gott hat es dir geschenkt, weil er dich liebt. Du kannst ihm vertrauen. Mir ist aufgefallen, dass in den unterschiedlichen Glaubensrichtungen übereinstimmend von einer Bedrohung durch böse Geistermächte gewarnt wird. Dämonen spielen auch in unserer Theologie eine Rolle.
Platon und der Heilige Ambrosius lehrten, dass sie verantwortlich sind für die Hauptlaster der Menschen.
Die Heilige Schrift beschreibt sie als unsichtbare Wesen, die von Menschen Besitz ergreifen. Bestimmt kennt ihr die Begebenheit, bei der unser Heiland einer Legion Dämonen befahl, in eine Herde Schweine zu fahren.

Wir kennen etliche Dämonen namentlich: Luzifer steht für Hochmut. Mammon ist der Geiz. Leviathan ist Neid und Satan ist für Zorn verantwortlich. Asmodeus ist die Wollust,

Beelzebub die Völlerei und Belphegor die Faulheit. Seit Jahrhunderten vermittelt unsere Kirche den Menschen das Mittel, diese Hauptlaster zu besiegen. Der Kampf gegen die bösen Geister wird durch die Gnade der Beichte und Vergebung gewonnen. In besonders schwierigen Fällen bietet unsere Kirche Hilfe durch speziell geschulte Exorzisten. Sie sind in der Lage, wie damals unser Herr Jesus von Nazareth, die Dämonen auszutreiben.

Gott gab uns Tugenden, um die Dämonen zu besiegen. Es sind Glaube, Liebe, Hoffnung, Gerechtigkeit, Tapferkeit, Weisheit und Mäßigung. Unsere menschliche Schwäche verhindert den Sieg. Hochmut steht der Demut im Wege und verhindert, den Dämon der Wollust zu besiegen. Mein Glaubenskampf ist ein Beispiel dafür.

Worin unterscheiden sich die Glaubensansichten? Ihr berichtet von unsichtbaren Horden, die auf Kinder und Erwachsene lauern. Unterscheiden sich eure Ängste vor der Vernichtung im Gottesgericht von denen des katholischen Jungen, der sich vor dem Fegefeuer und dem jüngsten Gericht fürchtet? In ihren Alpträumen erleiden sie die gleiche Pein.

Während meines Studiums besuchte ich eine Vorlesung zu Feuerbachs Gedanken zur Religion. Damals wertete ich sie als Ketzerei. Feuerbach behauptet, Religion entzweit Gott und Mensch. Das Resultat daraus sei der zerrissene, entzweite, selbstentfremdete, innerlich verarmte Mensch. Sie dient somit nicht der Selbstverwirklichung, sondern der Selbstentfremdung. Ich überlege heute, ob das stimmen könnte. Die Forderung, sich selbst zu verleugnen, passt zu dieser Behauptung. Nach Feuerbach gründet Religion im Abhängigkeitsverhältnis. Menschen, die in widrigen, mühseligen Verhältnissen lebten, versuchten, sich Bilder von Gott auszudenken. Sie dichteten ihm Eigenschaften an, die ihnen Halt und Hoffnung versprachen.

Feuerbach zitierte den Griechen Xenophanes: »Wenn die Ochsen, Rosse und Löwen Hände hätten und malen könnten, würden die Rösser rossähnliche, die Ochsen ochsenähnliche und die Löwen löwenähnliche Göttergestalten malen.« Im Augenblick bin ich geneigt dem zuzustimmen. Menschen malten sich menschenähnliche Götter. Kann ich schlussfolgern, dass sich die Menschen, was Gott betrifft, täuschen? Ich frage mich, ob mein Glaube an Gott in dieser Art Religion begründet ist.«

Quirin schien offensichtlich ratlos. Er reicht die Pyramide an Sophia weiter.

35 Sophia hasst Religion.

Sophia griff energisch nach der Wortpyramide. Sie war wie ausgewechselt. Nicht mehr leise und traurig. Ungeduldig wartete sie darauf, endlich ihren Unmut äußern zu können. Ihre dunklen Augen blitzten drohend. Die schwarze Lockenpracht umrahmte ihr Gesicht wie eine Löwenmähne. Sie unterstrich die Aggression in ihrer Haltung.

»Ich bin extrem zornig«, begann sie. »Alles was ich von euren Berichten gehört habe, bestätigt mich in meiner Meinung: Religion ist Betrug an der Menschheit. Es geht in Wirklichkeit immer nur um Macht und Geld. Ich möchte mit keiner Religionsgemeinschaft etwas zu tun haben. Jede Gruppe legt sich die Schriften so aus, wie sie ihr in den Kram passen. Nehmt das Beispiel Dämonen. Wie soll das denn gehen, Quirin mit dem Luzifer? Er ist in ein Opfer gefahren und muss da ausgetrieben werden. Ist er eine Geistperson und existiert nur einmal, dann sind alle anderen Menschen, von seinem Angriff verschont. Gibt es in der Zeit keinen anderen neidischen Menschen auf der Welt? Ist es nicht logischer, dass er ein Bild ist, mit dem die Eigenschaft Neid beschrieben wird? Eine Eigenschaft, die Menschen haben und je nach Persönlichkeit mehr oder weniger ausleben.

Oder die Theorie der ständig lauernden Dämonenhorden. Ist Gott nicht in der Lage seinen Streit mit seinen Geschöpfen selber zu regeln? Wieso braucht er dazu uns Menschen, einschließlich der kleinen Kinder? Ich hatte panische Angst vor diesen Dämonenhorden.

Für die Mächtigen ist das prima. Man setzt den Buchhaltergott an seinen Schreibtisch. Er führt genau Buch, was ich so alles an Fehlern und Sünden begangen habe. Die Eltern oder Ältesten haben leichtes Spiel. Sie missbrauchen Gott als Erziehungskomplizen. Alles, was ich vor ihnen verheimliche, hat Gott selbstverständlich gesehen. Er ist der Weltraumpolizist, der seine Engelschar als Spitzel einsetzt, damit er ja keine Gelegenheit versäumt, ungehorsame Kinder oder Erwachsene gebührend zu bestrafen. Euch ging es genauso wie mir. Ihr musstet in ständiger Angst leben, beobachtet zu werden. Versteht ihr, das ist ein perfektes Mittel um die Anhänger einer Diktatur bei der Stange zu halten. Das haben auch andere Diktatoren erkannt und praktiziert.

Weil ich das nicht durchschaute, bin ich auch auf mich wütend. Wieso ließ ich alles über mich ergehen? Ich glaubte sogar, ich hätte die Demütigung verdient. Es tut mir leid, mir fehlen die Worte, um meine tiefe Verachtung für Religion zu beschreiben. Bitte fühlt Euch nicht persönlich angegriffen. Ich spreche von der Institution.« Mit einer energischen Geste gibt Sophia die Wortpyramide an Griseldis ab.

»Wow, viele interessante Aspekte«, sagte diese anerkennend. »Der Tenor eurer Beobachtungen liegt nach meiner Meinung bei dem Einfluss der Drohbotschaften, die auf unterschiedliche Weise eure Freiheit einschränkten. Sie suggerierten, ihr seid Sünder und unwerte Geschöpfe.

36 Das Experiment mit den Pyramiden.

Ich interpretiere eure Schilderungen", sagte Griseldis: "Den Löwenanteil eurer Zeit und Kraft verschlang die Mühe, fehlerlos zu funktionieren. Stimmt ihr mir zu?«

Alle pflichteten ihr bei.

Griseldis holte aus ihrem Utensilien-Schrank eine Box mit bunten Pyramiden. Fünf davon stellte sie in die Mitte neben die Brunnensäule. »Stellt euch vor, diese Pyramiden stehen für eure Religionsgemeinschaft. Eine davon - nehmen wir die Rote - steht für ein Mitglied. Es ist ein Sünder. Es steht nicht mit beiden Beinen auf dem Boden. Es versucht, mit aller Energie an den vermeintlichen Fehlern zu arbeiten. Das ist so, als würde die Pyramide auf ihrer Spitze balancieren.«

Griseldis nahm die rote Pyramide und stellte sie auf die Spitze. Sie fiel zur Seite. »Was muss passieren, dass die rote Pyramide auf der Spitze stehen kann?«, fragte sie.

»Sie braucht Stützen«, antwortete Maria.

»Genau!«

Griseldis schob vier Pyramiden im Quadrat eng zusammen und stellte die rote in die Mitte. Sie berührte mit ihren Seitenlinien die Seiten der stützenden Pyramiden.

»So kann der Sünder also stehen. Doch was fällt euch zu diesem Bild ein«, wollte Griseldis wissen.

»Das ist ein sehr fragiles System«, meinte Quirin. »Jede kleine Abweichung bringt die Pyramide zum Umfallen.«

»Die rote Pyramide steht nicht aus eigener Kraft. Sie ist von der Gruppe abhängig«, sagte Gotthilf.

»Keiner aus der Gruppe hat einen persönlichen Spielraum. Das ist eine Zwangsgemeinschaft«, fiel Klara auf.

»Ich frage mich, welchen Sinn haben die Anstrengungen«, überlegte Maria. »Die gesamte Energie wird aufgewendet für ein völlig unnatürliches Unterfangen«.

37 Die Macke ist nicht die ganze Pyramide.

»Nennt mir eine bessere Lösung«, bat Griseldis. "Die rote Pyramide hat eine Macke. Was hilft ihr, auf eigenen Füßen zu stehen?«

»Die Macke ist nicht die ganze Pyramide. Wenn die Aufmerksamkeit dem perfekten Teil gilt, kann die rote Pyramide auf ihrem eigenen Fundament stehen. Das setzt viele Resurcen frei«, sinnierte Maria.

»Sehr gut!«, lobte Griseldis.

»Der Philosoph Blais Pascal sagt, der Mensch ist ein König, auch wenn sein Purpurmantel zerschlissen ist«. Die Bestimmung bleibt ihm.

Das bedeutet, selbst bei Umwegen und Sackgassen bleibt die Möglichkeit, die individuellen Begabungen in sich zu suchen. Bitte schaut jetzt nicht auf das, was ihr nicht seid, nicht könnt, nicht habt, wo ihr gescheitert seid. Erlaubt euch, eure ganz

eigenen Bedürfnisse, Begabungen, Talente, Träume, Ziele
wertzuschätzen.

Das stellt die Pyramide auf ihre echte Grundlage. Das bedeutet,
dem Leben vertrauen können. Bitte schaut nun auf eure
Geschichten«, bat Griseldis. »Ihr erzähltet von euren
Schwächen, Sünden, Versagen. Wohin ging eure
Aufmerksamkeit in der Zeit, als ihr damit beschäftigt ward, das
zu verändern, was am Ende nicht zu ändern ist?«

»Ich vergeudete meine Zeit, mein Geld und meine Kraft für die
Fata Morgana clear«, antwortete Maria.

»Seit der Pubertät kämpfe ich gegen meine Neigung. Viel Zeit
verwendete ich, um für unkeusche Gedanken Buße zu tun. Die
Hilfe und Stütze meiner Ordensbrüder verschlang ihre Zeit und
Kraft. Wenn homosexuelle Neigungen Sünde sind, warum hat
Gott dann Menschen mit solchen Wünschen geschaffen? Es
stimmt, meine Kraft war für vergebliche Mühen blockiert. Das
schadete Menschen, denen ich in dieser Zeit mit meinen
humanitären Projekten hätte helfen können. Ich bin traurig bei
dieser Erkenntnis.«

»Ich passte mich gewissenhaft an, fügte und verausgabte mich.
Der Kampf um Selbstverleugnung und Befolgen aller
Ermahnungen der geistgeleiteten Führung ist nicht zu beziffern.
Trotzdem scheiterte ich«. Klaras klagende Äußerung zeugte von
tiefer Verzweiflung.

»Füge für das Wort »trotzdem« aus deiner Schilderung, die
Überlegung: »Gerade deshalb« ein. Bat Griseldis vorsichtig.

»Widersprichst du mir, wenn ich behaupte: Es lebte noch nie ein Mensch, der keinen Fehler gemacht hat?«

»Nein, da kann ich dir nicht widersprechen. Natürlich konnte ich trotz aller Anstrengungen, nicht alles richtig machen. Genau genommen klagte mich mein eigenes, gut geschultes Gewissen tagtäglich an!«

»Wer schulte dein Gewissen?«, wollte Griseldis wissen.

»Die religiöse Erziehung bei den Geistgeleiteten ist sehr konsequent und rigide. Sie ist begleitet von körperlicher Bestrafung, suggestiven Gewissensfragen, Drohung mit dem Zorn Gottes oder anderen Mitteln der Bestrafung. Das Repertoire war: ohne Essen ins Bett gehen, Hausarrest, Liebesentzug. Ob etwas richtig oder falsch ist, hatte nicht ich zu entscheiden. Mein Gefühl hatte zu schweigen und sich den Anweisungen der geistgeleiteten Führung zu unterwerfen. Meine Eltern bestärkten mich nicht, eigene Ideen zu verwirklichen. Sie gehorchten ebenfalls, ohne zu murren.«

»Bitte überlege", bat Griseldis, »war es dir zu irgendeiner Zeit möglich, deine natürliche Begabung herausfinden? Durftest du eigenständig und authentisch handeln? Hast du gelernt, für dein Handeln Verantwortung zu übernehmen?«

»Nein, nein und nochmals nein,« antwortete Klara.

»Legt deine Glaubensgemeinschaft ausschließlich Wert darauf, mit der konfessionellen Vorgabe in Übereinstimmung zu denken und zu handeln? Erhebt sie den Anspruch auf absolute Wahrheit?«

»Genau, das war der Anspruch«, stimmte Klara zu.

»Sollte dein Verhalten deinem Wohl oder dem der Institution dienen?«

»Natürlich zählte ausschließlich die Gemeinschaft,« sagte Klara nachdenklich. »Das fiel mir bisher nicht auf. Ich war und bin von der Wahrheit überzeugt. Wohin sollte ich den sonst gehen?«

38 Religion als Paradoxon beschrieben.

»Ich überlege mir gerade, dass meine Religion ein Paradoxon ist«, sinniert Quirin. »Sie versteht sich als Inbegriff der liebevollen, einzig seligmachenden Wahrheit. Doch sie bezeichnet den Menschen vom Augenblick seiner Geburt an als Sünder. Ich erbte die Ursünde, die Erbsünde. Ich hatte meine Macke und keine Möglichkeit, irgendetwas daran zu ändern. Darum brauche ich einen Erlöser. Der erlöst mich nicht von der Macke, sondern erwartet von mir, das Leiden und den aussichtslosen Kampf mit der Sündhaftigkeit zu ertragen. So wird ein negatives Menschenbild erzeugt. Es gibt Abwertung, Schuldzuweisung, Schuldgefühl. Mir wird ein Heilmittel dafür geboten. Jemand hat die Macht und Autorität, meine Sünden zu vergeben. Das tut mir gut. Man nennt es Barmherzigkeit. Ich bin dankbar, denn ich sehne mich nach Erlösung und dem Gefühl angenommen zu sein.

Ist das tatsächlich Barmherzigkeit? Welches Motiv steht hinter dem Handeln? Gefällt es dem Priester, die Macht der »Barmherzigkeit« zu besitzen? Sonnt er sich in seinem herausgehobenen Status? Wie geht er mit der Macht um? Mir scheint, die Antworten sind vermutlich so vielschichtig, wie die Fragen. Ich vermute, dass sie nicht nur im Himmel zu finden sind. «

39 Gottesbild grausam und destruktiv.

»Glaubt mir, ich war genauso überzeugt von »der Wahrheit« wie ihr«, schaltete sich Gotthilf ein. »Heute verstehe ich nicht mehr, wieso ich mir ein so destruktives und grausames Gottesbild einreden ließ. Die eine Wahrheit kann es nach meiner Meinung nicht geben. Ich glaube nicht mehr an einen Gott, der Kinder für seine eigenen Interessen missbraucht und das durch rigide körperliche und psychische Gewalt durchsetzt. Wenn er der Allmächtige ist, regelt er Konflikte, ohne dafür Kinder quälen zu lassen. Kulte und Rituale, die körperliche Gewalt gegen Kinder fordern und praktizieren, spiegeln aus meiner Sicht nichts Göttliches wieder. Dazu zählt für mich auch die körperliche Beschneidung. Meine Frage ist: Wem nützen solche Dogmen? Wem geben sie Macht und wie wird diese gebraucht oder missbraucht? Ich schließe mich den Fragen von Quirin an.«

»Sehr gute Gedanken, Gotthilf«, lobte Griseldis. »Du gebrauchst ein interessantes Wort: Gottesbild. Das bringt mich auf den Gedanken, in unserer nächsten Sitzung gemeinsam darüber nachzuforschen, wie ein Gottesbild entsteht. Wir untersuchen verschiedene Vorstellungen von Gott in anderen Kulturen und vergleichen sie. Wir haben Zugang zum Internet. Recherchiert nach Glaubensansichten, unterschiedlicher Religionen. Stellt euch die Frage, was ihr von ihnen lernt. Ich bin gespannt, was euch dabei auffällt. Ist der Vorschlag in eurem Sinne?«

Darauf erhielt sie einhellige Zustimmung. Ja es gelang ihr sogar, eine gespannte Erwartung bei der Gruppe zu erzeugen. Die Frage traf den Kern der gemeinsamen Fragezeichen, die in der Sitzung auftauchten.

Frau Dr. Redlich stellte im Kollegium ihre Gedanken zur Diskussion. Die Probanden ihrer Gruppe wurden durch destruktive Suggestion, beziehungsweise Autosuggestion religiöser Inhalte, daran gehindert, ein gesundes Selbstwertgefühl zu entwickeln. Sie erklärte ihre Absicht, die Wechselwirkung des sympathischen Nervensystems mit dem Vagus, dem parasympathischen System, mit der Gruppe zu besprechen. Das Wissen darüber soll die Möglichkeit aufzeigen, antrainierte Ängste zu überwinden. Das Ziel ist, eine Neubewertung der Glaubensinhalte. Die themenzentrierte Gesprächstherapie hielt sie für die effektivste Methode, um ein positives Ergebnis zu erzielen. Auf dieser Basis ein Beratungskonzept zu erarbeiten, erschien ihr sinnvoll und wünschenswert. Sie beklagte, dass dazu kaum Berichte über praktisches Wissen und Erfahrungen publiziert sind. Da besteht erheblicher Forschungsbedarf, fand sie. Hilfreich wäre ein Leitfaden für die Beratung unter Berücksichtigung aller relevanten Faktoren. Er müsste spezielle Kenntnisse über Sekten, die Folgen der Sektenmitgliedschaft, die grundlegenden Strukturen, Ziele und Methoden der Sekten und neureligiösen Bewegungen mit diktatorischen Ideologien vermitteln. Sie stellte die Überlegung in den Raum, als Uniklinik über ein solches Forschungsprojekt nachzudenken. Schließen wir eine Kooperation mit den staatlichen Dokumentationsstellen, kirchlichen Beauftragten für Weltanschauungsfragen und den Elterninitiativen.

Ich verstehe die negativen Erfahrungen mit Sektenaussteigern in der Vergangenheit inzwischen besser. Die Indoktrination durch die Gruppe provozierte zwangsläufig eine misstrauische Haltung gegenüber der Außenwelt. Die Betroffenen fühlen sich unverstanden und nicht ernst genommen. Nicht ganz zu Unrecht. Vieles, was sie schildern, ist für uns schlicht nicht nachvollziehbar, gab sie zu bedenken. Ohne ein Grundwissen kann eine tragfähige und produktive Therapeut/Klient Beziehung nicht entstehen. Ein fachlich kompetenter Therapeut wird akzeptiert.

Dr. Redlich erklärte überzeugend, dass ein Grundwissen zu Formen der religiösen Diktatur unabdingbare Voraussetzung für eine erfolgreiche Therapie ist. Nur mit dieser Voraussetzung lassen sich die typischen Symptome wie Ängste, Schuldgefühle,

Orientierungslosigkeit, ritualisierte Handlungen oder die Erwartung von drohenden Ereignissen richtig einordnen.

Die Kollegen waren beeindruckt von dem Bericht. Dr. Lucas ermutigte sie und wünschte ihr gutes Gelingen. Über die Möglichkeit eines Forschungsprojektes wollte er sich informieren.

40 Religion und Glaube auf dem Prüfstand

Für das nächste Treffen hatten sich die Teilnehmer auf ihre ganz eigene Weise vorbereitet. In gespannter Erwartung nahmen sie ihre Stammplätze ein. Die Namensschilder brauchten sie nicht mehr.

Frau Dr. Redlich hatte sich intensiv mit dem psychotherapeutischen Vorgehen von Viktor Frankl befasst. Die Logotherapie und Existenzanalyse enthielt nützliche Anhaltspunkte für ihre Arbeit mit der Gruppe.

Für Frankl stand Logos für Sinn und Therapie für heilen. Somit nannte er seine Therapie sinnzentrierte Psychotherapie. Er gründete die dritte Wiener Schule der Psychotherapie. Bei Sigmund Freud stand der Wille zur Lust im Mittelpunkt. Alfred Adler beschäftigte sich mit dem Willen zur Macht. Für Viktor Frankl bedeutete der Wille zum Sinn das alles überragende Mittel zum Überleben. Das basierte auf seiner Erfahrung in den KZs der Nationalsozialisten. Er fügt die Anthropologie, das Menschenbild, mit der Psychotherapie, der Heilkunde und der Philosophie, dem Weltbild vom Sinn im Leben dessen, der den

Willen zum Sinn hat, zusammen. Er vervollständigt somit das System der Psychotherapie.

Weil die Logotherapie zur Behebung geistiger Frustration einen geistigen Ansatz mit einbezieht, hielt Dr. Redlich diesen Weg für die Bedürfnisse ihrer Gruppe für besonders geeignet. Er konnte zur Korrektur fragwürdiger Glaubensinhalte und zur positiven Beeinflussung von damit einhergehender somatischer Störungen nützlich sein. Das logotherapeutische Credo ist: Das Leben hat von Anfang an bis zum Ende immer und auf jeden Fall einen bedingungslosen Sinn. Es wird nicht leicht sein, dachte Griseldis, den Suchenden solche Gedanken zu vermitteln. Hilfe leisten, ohne die Verantwortung von den Betroffenen nehmen, ist das Kredo. Sie erschauderte bei dem Gedanken an die Herausforderung. Ohne Perspektivwechsel zur Betrachtung ihres bisher Geglaubten, werden sie es nicht schaffen, dachte sie. Wird ihr Mut dafür ausreichen?

Klara betrat zuletzt den Raum. Sie wurde mit einem allseitigen »Ahh« begrüßt.

Griseldis schüttelte ihre Gedanken ab und sagte: «Ich gratuliere, du hast offensichtlich gute Fortschritte gemacht! Es geht schon ohne Rollstuhl!«

»Ja, danke«, antwortete Klara verlegen. »Ich bin sehr froh, dass ich den schweren Gips los bin, auch wenn die Physiotherapie teilweise heftigst schmerzt. Es geht voran.«

»Schön, dass ihr dabei seid«, begann Griseldis die Stunde. »Ich bin auf die Gedanken gespannt, die ihr zu unserem Thema beitragen wollt. Wir verwenden wieder die Signalpyramide. Jeder kommt zu Wort und darf ausreden.

41 Aspekte zu Religion - Marias Sicht

Maria nahm die Pyramide in die Hand und erklärte: »Ich las Informationen zu einigen sehr skurrilen Glaubensrichtungen. Die Berichte lasen sich wie ein Science-Fiction-Roman. Da verkauft ein angesehener Architekt seinen gesamten Besitz, um einem Guru nach Südamerika zu folgen. Er versklavt sich und seine Familie, gibt seine Autonomie vollständig auf, wird mittellos und willenlos. Er willigt ein, dass seine minderjährige Tochter von dem Guru sexuell missbraucht wird. Er glaubt, zu den alleinigen Auserwählten zu gehören.

Ich las von einem Abdruschin, der angeblich von Gott mit einer Botschaft an die Menschheit ausgesandt wurde. Er hat eine ganze Anzahl Anhänger, für die er die Inkarnation des Menschensohnes ist. Er nennt sich Immanuel. Ursprünglich verkündete er ein Gottesgericht zu einem bestimmten Datum. Er starb vor dem verheißenen Datum. Das Datum verstrich ohne Weltende. Die Anhänger deuteten die Botschaft kurzerhand um und glauben, er sei in den Himmel aufgenommen worden. Von dort aus sorgt er dafür, dass die Menschheit erwacht. Vor der großen Weltwende muss die

Menschheit zur Allweisheit gebracht werden. Wer das nicht glaubt, ist verdammt.
Ich fühlte mich in vielen Punkten an die Selbstverständlichkeit erinnert, mit der die Scientologen von sich behaupten, die alleinigen Retter der Menschheit zu sein. Die Recherche machte mich richtig fertig. Ich musste aufhören. Ich konnte die völlig haltlosen Behauptungen erkennen und muss mir eingestehen, dass ich ebensolchen Behauptungen glaubte. Das fühlt sich verdammt schlecht an.«

Maria gab die Pyramide an Gotthilf weiter, der sie mit einem tiefen Seufzer entgegennahm.

42 Gotthilf schaut über den Tellerrand.

»Ich interessierte mich dafür, was Menschen außerhalb der christlichen Lehre glauben. Ich dachte, es kann nicht schaden, über den Tellerrand zu schauen. Ich begann beim Hinduismus. Da gibt es zum Beispiel kein Problem damit, viele Gottheiten anzubeten. Die unendlich vielen Strömungen, von denen ich las, sind unüberschaubar.
Die Hindus glauben an eine Reihe von Wiedergeburten, abhängig von guten oder schlechten Taten. Mit guten Taten erwerben sie ein gutes Karma. Damit benötigen sie bis zur Erlösung weniger Wiedergeburten. Klar, dass der Hindu moralische Regeln zu befolgen hat. Es gibt in der Religion die Definition von Gut und Böse. Das wird durch ihre sittlichen

Gebote definiert. Die Hauptgötter sind vergleichbar mit der christlichen Dreieinigkeit. Brahma der Schöpfer, Wischnu der Erhalter und Shiva der Zerstörer. Im Gegensatz zur christlichen Dreifaltigkeit ist der Zerstörer kein Heiliger. Bei uns ist er der Teufel, das Böse in Person. Obwohl es nicht direkt vergleichbar ist, fällt die Zahl drei im Zusammenspiel mit religiösem Glauben auf.

Die Hindus leiten von ihren drei Haupt-Göttern eine unüberschaubare Vielzahl von Gottheiten ab. Ihr könnt euch nicht vorstellen, wie viele heilige Tiere angebetet werden. Ihr beliebter Gott Ganesha hat einen Elefantenkopf und ist zuständig für Reichtum. Ich dachte an Quirins Zitat von den löwenähnlichen Gottheiten.

Der Glaube der Inuit ist spannend. Sie gaben ihre Mythen, mangels eigener Schrift, über Jahrtausende mündlich weiter. Da liegt es in der Natur der Sache, dass die Geschichten von Erzähler zu Erzähler, oft situationsbedingt, leicht verändert wurden. Ich stelle mir die Herausforderungen der jeweiligen Zeit vor: Kälte, Stürme, Nahrungsbeschaffung, Krankheiten. Sie suchen Antworten für das Warum. Sie glauben an die Unsterblichkeit der Seele und, dass in allem Leben eine Seele wohnt. Selbst Gegenständen schrieben sie geistigen Inhalt zu. Sie glauben an ein Weiterleben nach dem körperlichen Tod. Die Seelen leben entweder im Himmel, im Meer oder über den Wolken weiter und wandern durch andere Menschen oder Tiere. So war es ihnen möglich, unerklärliche Phänomene, die sie beobachteten, dem Wirken von Geistern zuzuschreiben, die ihnen entweder nützten oder schadeten. Klar, dass sie den Schamanen vertrauten, die sich als Vermittler zu der Geisterwelt präsentierten.

Flehten diese zum Beispiel die Meeresgöttin an, um sie gnädig zu stimmen, um den Fischern Jagdglück zu bescheren, war das den Fischern ein Opfer wert.

Stellten sie die Verbindung zum Mondmann her, der Kindersegen bringen sollte, hing der Erfolg natürlich von dem entsprechenden Opfer ab.

Der Rabe wird kultisch verehrt. Welche Macht hatten die Schamanen früher und wie gingen sie damit um? Diese Frage beschäftigt mich. Die alles überragende Gottheit der Inuit ist die Natur.

Völlig anders sehen die Aborigines in Australien die Verbindung zur Ur-Schöpfung. Für sie ist der Ayers Rock Uluru heilig. Sie glauben, bei ihm kreuzen sich die Traumpfade. Die Begriffe Traumzeit und Traumpfade sind Ur-Begriffe ihrer Tradition, die sie pflegen und in ihrer Erinnerung lebendig erhalten. Diese Tradition unterscheidet sich völlig von den europäischen, asiatischen und afrikanischen Riten und Religionen.

Ich frage mich, wie sind diese Mythen und Glaubensvorstellungen entstanden? Welches tiefere Wissen enthalten sie? Aus welchen Quellen des Wissens speisten sie die Mythen und Legenden? Was berechtigt uns zu der

Überzeugung, dass nur wir Christen die göttliche Anerkennung oder Erleuchtung haben?«

43 Klara lernt aus der Vergangenheit.

Nachdenklich reichte Gotthilf die Pyramide an Klara weiter. »Die Geschichte von Immanuel, die du erzählt hast Maria, habe ich auch gelesen. Sie erinnerte mich an Nimrod, dessen Mutter ihn nach seinem Tod kurzerhand zum Gott erklärte. Wir Geisterkannten haben solche neureligiösen Bewegungen gerade deshalb als satanisch abgelehnt. Sie berufen sich angeblich auf Dinge, die Vorzeiten geschahen und mit denen sich Satan auf Erden als Engel des Lichts tarnt. Es fiel mir sehr schwer, über solche Glaubensansichten nachzulesen. Die eindringliche Warnung davor ist sehr präsent. Die Gefahr besteht angeblich, dass der Sinn verblendet wird. Trotzdem wollte ich mehr über den christlichen Glauben anderer Menschen wissen. Ehrlich gesagt war ich nicht auf das Ergebnis gefasst.

Die unglaublichen Geschichten fesselten mich. Ich will jetzt nur einige Beispiele nennen, die mich bewegt haben: Ich fand die Gruppe der Weltmissionsgemeinschaft der Church of God oder Elohisten. Ihre Muttergöttin ist Chang, Gil-Jah. Sie wird mit dem Argument als Göttin verehrt, dass man Gott nur dann Vater nennen kann, wenn es auch eine Mutter gibt. Der südkoreanische Gründer Ahn Sang Hong trat vom Buddhismus einer Gemeinschaft der Siebten-Tags-Adventisten in Korea bei.

Er prophezeite das zweiten Kommen Christi für 1967. Es fand nicht statt. Da korrigierten die Anhänger das Datum auf 1988.

Ich fragte mich: Gab es schon früher Menschen, die auf das Ende der Welt gewartet haben? Bei der Recherche stieß ich auf eine schier endlose Reihe von Endzeitdaten. Alle beriefen sich auf die Heilige Schrift. Sie standen meist im Zusammenhang mit dramatischen Ereignissen, wie zum Beispiel dem 30-jährigen Krieg oder Pestepidemien. Doch selbst im 2. Jahrhundert erwarteten die Montanisten das Ende. In jedem Fall fand man eine Auslegung der Apokalypse, die als Beweis passte. Die Taboriten verbreiteten ihren Glauben vom Weltende ab 1420 in Böhmen sogar mit Gewalt. Es gab die Anabaptisten im 16. Jahrhundert, die Sabbatianer im 17. Jahrhundert verschiedene adventistische Bewegungen im 19. Jahrhundert, die mit unterschiedlichen Daten das Weltende prophezeiten. Eine daraus entsprungene chiliastische Gemeinschaft sind die Bibelforscher, die eine lange Reihe von Endzeitvorhersagen, ab 1931 unter dem Namen Zeugen Jehovas, machten.
Im 20. Jahrhundert vermehrten sich die Gruppierungen der Endzeitpropheten, mit rasender Geschwindigkeit. Sicher lieferte die veränderte Kommunikation dafür den Nährboden. Nachrichten gingen rund um den Globus. Jede Schreckensmeldung diente der Definition des unmittelbar bevorstehende Endes. Mit zwei Weltkriegen, der spanischen Grippe, dem Schwarzen Freitag, der Weltwirtschaftskrise,

Erdbeben, Seuchen, Hungersnöten und Flüchtlingsströmen, hatten die Propheten genügend Nahrung, um Angst und Schrecken zu verbreiten. Die geschürten Ängste wurden instrumentalisiert. Die Gurus suggerierten den Anhängern die Möglichkeit, sich selbst und die Welt retten zu können. Das Werk erforderte jeweils Opfer, die von den Gläubigen bereitwillig erbracht wurden.

Das Phänomen ist weltweit zu beobachten. In Brasilien zum Beispiel wachsen die evangelikalen Endzeitsekten wie Pilze aus dem Boden. Es genügen ein weiß getünchtes Gebäude, ein paar Plastikstühle und eine charismatische Persönlichkeit. Mit viel Theatralik und lautstark wird den Menschen das drohende Ende beschrieben. Sie propagieren ihre ›Sendung‹ als rettende Prophetin oder Prophet und lassen die Anhänger Unterwerfung schwören. Mit ekstatischem Gospelgesang, der autosuggestiv wirkt, entsteht das Gefühl einer scheinbaren Erleuchtung oder Gottesnähe. Bücher, heilige Bändchen, Zaubersteine, geweihtes Wasser und sonstige kreative Ideen ziehen, den ärmsten der Armen den letzten Groschen aus der Tasche.

Ähnliches geschieht auch in Europa. Da gibt es eine Gruppe, die einem Verstorbenen, der zu Lebzeiten als Scharlatan verurteilt wurde, die magische Heilkraft aus dem Jenseits zuschreibt. Sein ›Heilstrom‹ könne durch Bilder, die selbstverständlich teures Geld kosten, wirken. Kranke, die sich darauf einlassen, brechen womöglich eine notwendige Behandlung ab und bringen sich in echte Lebensgefahr. Vor allem wenn solche Gruppen erreichen, dass die neuen Anhänger den Kontakt zu ihrem bisherigen Umfeld und der Familie abbrechen. Sie glauben, sich dadurch vor »schädlichem Einfluss« zu schützen. Ein Argument, das mir aus meiner Gemeinschaft gut vertraut ist.

Ich fand Interessantes zu einer Reihe von Prophetinnen. Gabriele Wittek ist eine von ihnen. Sie wird von ihren Anhängern des universellen Lebens als größtes Gottesinstrument nach Jesus von Nazareth gesehen. Sie behauptet, ein Friedensreich im Raum Würzburg aufzurichten, und prophezeit den Weltuntergang.

Was ich von der »höchsten Meisterin Ching Hai« las, versetzte mich in ungläubiges Staunen. Sie will die Menschheit durch vegane Ernährung retten. Sie wird als Wohltäterin der Menschen und Tiere gefeiert und hat ihre Gemeinschaft nach allen Regeln der strengsten Unterwerfung organisiert.

Christlich charismatische Vereinigungen geben sich das Image einer auserwählten Elite. Sie fordern eine extreme Leistungsbereitschaft. Das wird durch die Sprache unterstrichen. Sie empfinden sich als »verborgene Armee«, die verpflichtet ist, eine »Bürde« zu tragen. Die verwendeten Mittel zur Indoktrinierung sind Musik, visuelle Effekte, Flaggen, geistliche Räume und die Suggestion der Nähe Gottes in seiner Herrlichkeit.

Die Glaubenslehren werden in engen Intervallen permanent wiederholt. Die Rettung wird auf teils abenteuerliche Weise versprochen. Eine Gruppe erwartet, dass ein Ufo zu einem bestimmten Zeitpunkt erscheint, um sie zu fernen Planeten zu bringen.

Eine andere Gemeinde muss sich in einer Höhle in Sicherheit bringen, weil sie nur dort an einem bestimmten Datum errettet wird.

Die Gruppe Traumdeuter hält sich für die einzig Vorbereitete zur Rettung. Sie behaupten, gleich dem Josef in Ägypten Weizen in Vorratshäusern sammeln zu müssen, um damit der weltweiten Hungersnot zu entgehen. Es versteht sich von selbst, dass für den Ankauf der Weizenvorräte und den Bau der Vorratshäuser Unsummen an Geld benötigt wird.

Ein »Heilsversprecher« bezeichnet sich als ›Schreibmedium‹ das mit dem Erzengel Michael, Erzengel Raphael, Hildegard von Bingen, Lady Diana oder Krishna korrespondiert. Er behauptet, die Menschheit bekäme vom Fixstern Sirius Unterstützung. Er vertreibt »Schutzsymbole« und kostspielige Seminare, von denen zweiundsiebzig nötig sind um die höchste Stufe zu erreichen. Ein Wunderheilmittel ist eine Substanz, die normalerweise als Desinfektionsmittel verwendet wird. Die Berufung auf christliche Engel in Verbindung mit emotionsfördernden Praktiken erzeugt ein schönes Lebensgefühl. Das schaltet Vernunft und logisches Denken aus und öffnet dem Selbstbetrug und Lebensbetrug Tür und Tor.

Bei der Lektüre dieser Informationen fiel es mir wie Schuppen von den Augen. Ich weiß nun, warum wir »Geisterkannten«

streng davor gewarnt wurden, über andere Glaubensgemeinschaften zu lesen. Die Ähnlichkeit mit unseren Ansichten und Praktiken ist frappierend.

Entweder haben alle Religionsgemeinschaften die Wahrheit oder keine. Nach meiner Logik können nicht alle die Wahrheit haben. Jede Lehre enthält zwangsläufig viel Unwahres. Jedoch sind die Anhänger genauso überzeugt von ihrem Glauben, wie ich das bin - oder sollte ich lieber sagen - war?

Folglich nützt Überzeugung nichts. Ich kann mich irren. Die Geistgeleiteten können sich irren. In meinem Kopf ist jetzt ein totales Chaos. Ich bin so froh, dass ich darüber hier in der Gruppe sprechen kann.

Erleichtert gab Klara die Pyramide an Quirin weiter.

Klaras Schulung zur Glaubenslehrerin war offensichtlich. Sie konnte Sinn und Inhalt der verschiedenen Lehrmeinungen erfassen und ihn ohne zu stocken wiedergeben.

44 Quirin beginnt, die Perspektive zu wechseln.

»Ich glaubte zu wissen, dass meine Kirche die allein seligmachende sei, und war überzeugt, mit den Lehren muss ich mich nicht befassen.

Mich interessierten Religionsgeschichte und die Wandlung im Laufe der Jahrhunderte. Ich bin betroffen von euren Berichten und ahne, dass alle religiösen Gemeinschaften, die Fundamentalismus zur Grundlage haben, wesentliche

Komponenten der Freiheit ignorieren. Ich bin aus meinem Konzept geraten. Trotzdem erzähle ich über meine Recherchen zu meinem Glauben.

Ihr könnt euch denken, dass ich etwas über die grundsätzliche Haltung der Kirche zur Rolle von Mann und Frau im Laufe der Geschichte erfahren wollte. Aus heutiger Sicht ist kaum zu begreifen, welche skurrilen Aussagen in früherer Zeit unantastbarer Glaube waren.

Ich notierte mir einige Zitate von Kirchenführern:

Paulus, Brief an die Epheser 5,24: »Aber wie nun die Gemeinde ist Christo untertan, also auch die Weiber ihren Männern in allen Dingen.«

Augustinus, Kirchenvater 354-430: »Das Weib ist ein minderwertiges Wesen, das von Gott nicht nach seinem Ebenbilde geschaffen wurde. Es entspricht der natürlichen Ordnung, dass die Frauen den Männern dienen.«

Thomas von Aquin, 1225-1274 Kirchenlehrer und Patron der katholischen Hochschulen: »Der wesentliche Wert der Frau liegt in ihrer Gebärfähigkeit und in ihrem hauswirtschaftlichen Nutzen. Ein männlicher Fötus wird nach 40 Tagen, ein weiblicher nach 80 Tagen ein Mensch. Mädchen entstehen durch schadhaften Samen oder feuchte Winde.«

Bis 1869 offiziell anerkannte Glaubenslehre!

Die Änderungen wirkten sich noch fataler aus. Einige Lehraussagen entpuppten sich für Millionen zu tödlichen Dogmen. Zum Beispiel die Lehre von der Simultanbeseelung. Sie besagt, dass ein menschlicher Embryo im Augenblick der Befruchtung der Eizelle eine Seele bekommt. Eine Fristenregelung für Schwangerschaftsabbruch wurde damit ausgeschlossen. Die Nottaufe im Mutterleib bedeutete bei den früheren hygienischen Verhältnissen häufig das Todesurteil für die Gebärenden.

Die Unfehlbarkeit des Papstes, wurde 1870 Dogma. War das Gottes Wille? Sehr viel wahrscheinlicher scheint mir der Anspruch der Päpste auf universale, diktatorische Machtfülle.
Ich kann kaum glauben, dass solche Ansichten von meiner Kirche ernsthaft vertreten wurden«, erklärte Quirin. »Getoppt wird das von einer Aussage des Papstes Pius II (1458-1464). Er rät den Männern allen Ernstes: »Wenn du eine Frau siehst, denke, es sei der Teufel! Sie ist eine Art Hölle!«
Martin Luther ist nicht viel edler, wenn er sagt: »*Die größte Ehre, die das Weib hat, ist allzumal, dass die Männer durch sie geboren werden. Ob sie sich aber auch müde und zuletzt Todt tragen, das schadet nichts, lass sie nur Todt tragen, sie sind darumb da.*«
Die Überlieferung eines solchen, fundamentalen Glaubens, bereitete den Boden für die Absplitterungen von der Mutterkirche. Es war die Legitimation für ihre jeweils

zusammengeflickten Lehren zur Rolle der Frau. Ich kann bei keiner These einen göttlichen Einfluss erkennen. Sehr wohl aber einen immensen Vorteil für die herrschenden männlichen Führer. Mich interessierte natürlich die Ansicht meiner Kirche zu meiner persönlichen Situation. Ich fand eine Aussage von David Berger, einem katholischen Theologen, aus dem Jahre 2010:

»Aus dem Mund Jesu finden wir keine einzige Aussage zum Thema Homosexualität oder Zölibat.«

Im Katechismus der katholischen Kirche von 1993 steht: [...] die homosexuellen Handlungen [...] sind in keinem Fall zu billigen [...] Homosexuelle Menschen sind zur Keuschheit gerufen.«

Das unterstreicht die Vorschrift der Selbstgeißelung. Jegliche körperliche Lust wird Fleischeslust und Begierde genannt die Asmodeus, der Dämon, weckt. Er ist zu bekämpfen. Ich las über Homosexualität in unterschiedlichen Kulturen. Sie wird durchaus nicht überall abgelehnt. Gemäß den Erkenntnissen der Biowissenschaft ist es unsinnig, sie widernatürlich zu nennen.

Nach der Tradition des Judentums ist Homosexualität abscheulich. Sie ist das Synonym für die Laster der Kanaaniter. Die Strafe über Sodom und Gomorra kam wegen ihrer Homosexualität, wird gelehrt. Daraus leitet sich die Bezeichnung Sodomie ab. Kenner der aramäischen Bildersprache, erklären die Bestrafung der Stadt nicht wegen ihrer homosexuellen Bewohner, sondern wegen der schändlichen Missachtung der Gastfreundschaft gegenüber den Fremden.

Übernahm das Christentum jüdisches Gedankengut? Die Sünden-Lossprechung in der Beichte wird nur erteilt, wenn der Schwule oder die Lesbe verspricht, die Neigung nicht auszuleben. Sowohl die Päpste Johannes Paul II als auch Benedikt XVI verurteilten Homosexualität strengstens.

Erst unter Papst Franziskus ist es erlaubt, homosexuellen Gläubigen eine liberale Akzeptanz zu bieten.

Der Wahn der Hexenverfolgung und die extreme Forderung nach Askese scheint mit extremer Sexualfeindschaft erklärbar.

Meine Kirche hält demnach an einer fundamentalistischen Moraltheologie fest, die Legionen von verzweifelten Menschen in Gewissensnöte gestürzt hat.

Ich fragte: Wie entsteht Fundamentalismus und wie wirkt er sich aus?

Es beginnt damit, dass die Worte in den Schriften als von Gott gegeben oder inspiriert erklärt werden. Ihre Aussagen und Handlungsvorschriften sind wörtlich zu nehmen. Selbst eindeutige wissenschaftliche Erkenntnisse sind keine Begründung, davon abzuweichen. Daran ändern auch die wissenschaftlichen Erkenntnisse der Hermeneutik nichts, die Entstehungszeiten und -umstände der Texte eindeutig genug klären konnten. Sie entkräften die traditionalistischen Annahmen des göttlichen Ursprungs der Sätze unwiderlegbar.

Zum Beispiel: Gott schuf die Welt in buchstäblich sechs Tagen. Fundamentalisten müssen das glauben. Diese Einstellung fördert Extremismus und Intoleranz.

Die fundamentalistischen Christen berufen sich auf Markus 16,16: »Wer da glaubt und getauft wird, wird selig werden, wer aber nicht glaubt, der wird verdammt werden.«

Der Anspruch ist bedingungsloser Gehorsam. Toleranz und Evangelium sind unvereinbar.

Wer fordert den Gehorsam, frage ich mich? Braucht Gott einen solchen Gehorsamsbeweis wider die Vernunft? Ich denke nein.

Menschen, die Macht wollen, fordern ihn dagegen sehr wohl. Im Namen des Evangeliums erfolgten bei den Eroberungszügen Zwangstaufen. Wer sich widersetzte, wurde getötet.

Bis zum 2. Vatikanischen Konzil galt der ungetaufte Mensch als Ware. Erst mit der Taufe wurde ihm die Menschenwürde zugebilligt. Für die christlichen Seefahrer war der Sklavenhandel darum legitim.

Neue wissenschaftliche Erkenntnisse konnten ohne die Zustimmung der Kirche nicht verbreitet werden. Ein typisches Beispiel, wie religiöse Halsstarrigkeit letztlich zu grotesken Fehlentscheidungen führte, sind die Beobachtungen des Kopernikus.

Im Altertum bestand das Wissen aus den Beobachtungen, die von der Erde aus möglich waren. Täglich ging die Sonne im Osten auf und im Westen unter. Man sah, dass Sonne, Mond und Sterne am Firmament hingen. Das schien zu beweisen, dass die Erde der Mittelpunkt des Weltalls sei. Gott schuf die Menschen darauf in sieben Tagen. Um die Erde bewegen sich die Planeten.

Kopernikus beobachtete ohne Fernrohr Unregelmäßigkeiten in den Bewegungen der Planeten. Daraus schlussfolgerte er, dass sich die Erde um die Sonne dreht. Gleichzeitig folgerte er, die Erde dreht sich auch um sich selbst und nicht das Himmelsgewölbe um die Erde.

Die Kirche beharrte auf dem angeblichen Bibelbeweis aus Josua Kapitel 12:

»Damals redete Josua mit dem HERRN an dem Tage, da der HERR die Amoriter vor den Kindern Israel dahingab, und er sprach in Gegenwart Israels: Sonne, steh still zu Gibeon, und Mond, im Tal Ajalon! Da stand die Sonne Still und der Mond blieb stehen, ...«

Der Name Galilei und der Inquisitionsprozess gegen ihn ist selbst nichtreligiösen Menschen ein Begriff. Die Kirche zwang ihn - einhundert Jahre nach Kopernikus - zu behaupten, dass sich die Erde nicht bewegt. Dabei wurde das kirchliche Weltbild bereits 2000 Jahre vor Galilei angezweifelt. Überlieferungen berichten von der These des Aristarchos von Samos, die besagte, dass nicht die Erde, sondern die Sonne der Mittelpunkt des »Sonnensystems« bildet. Altindische Sanskrit-Texte weisen bereits 600 v. Chr. darauf hin.

Gegen den Einfluss der Kirche konnten sich diese Erkenntnisse nicht durchsetzen. Johannes Kepler bewies die elliptischen

Planetenbahnen mit mathematischen Berechnungen. Doch sein falsches Weltbild hielt ihn so sehr gefangen, dass es ihn lange daran hinderte, es grundsätzlich zu hinterfragen, obwohl er den Fehler erkannte.

So halten Fundamentalisten an ihren Dogmen fest. Durch wissenschaftliche Forschung längst widerlegte Berichte, bleiben Glaubensinhalt. Nehmt zum Beispiel die weltweite Sintflut, die Entstehung des Weltalls, die Entstehung der Arten, die Berechnungen der Altersangaben von geologischen Funden. Wie zu Zeiten Galileis glauben Fundamentalisten an die wörtliche, redaktionelle Inspiration des Wortes in ihren Schriften.

Ich recherchierte zu der Entstehung des Bibelkanons.
Ich fand so viele verschiedene Texte und Überlieferungen, Veränderungen und Anpassungen an die jeweiligen machtpolitischen Interessen, dass ich mich nicht entscheiden kann, welcher ich vertraue. In den massoretischen Texten, der Septuaginta, den Fragmenten, die im vatikanischen Archiv lagern, den Schriften aus den Höhlen von Qumran, finden sich Abweichungen. Die Entscheidung, was zum Kanon gehört und was offizielle Lehrmeinung wird, trafen Menschen. Empfingen sie wirklich die Macht und die Möglichkeit dazu von Gott?«

Quirin hielt die Wortpyramide wie ein Faustpfand umklammert und unterstrich seine Rede mit lebhaften Gesten. Seine Betroffenheit war förmlich greifbar, während er fortfuhr:

»Grundsätzlich frage ich mich: Wie kann ich herausfinden, was Gottes Wille ist? Welche Gebote stammen von ihm? Eines steht für mich fest: Eine fundamentalistische, rückwärts gewandte Einstellung, die Toleranz und Veränderung nicht zulässt, kann ich nicht mehr akzeptieren.«

Quirin merkte plötzlich, wie ungläubig erstaunt ihn die Gruppe beobachtete. »Verzeihung«, sagte er, »ich habe mich in Rage geredet. Es tut mir leid. Danke für eure Geduld.«

Rasch gab er die Pyramide Sophia.

Diese musste sich erst einmal darauf besinnen, was von ihr erwartet wurde. Es entstand betroffenes Schweigen. Aller Augen waren auf Sophia gerichtet.

45 Sophia will nichts mit Religion zu tun haben.

»Wow!«, begann sie, ihre Sicht der Dinge zu erzählen. »Ich bewundere euch. Ich habe es nicht geschafft, zu diesem Thema auch nur eine Zeile zu lesen. Meine Erinnerungen an meine Kindheit in dem Gruselkabinett Sekte, reichen mir völlig aus.

Ich kann Euch ja einige Morde schildern, die mich in meinen Alpträumen verfolgt haben. Zum Beispiel gab es da eine Geschichte, bei der ein Soldat im Zelt einer Frau Schutz suchte. Sie tat ihm schön, bis er schlief, da rammte sie ihm einen

Zeltpflock durch den Kopf. Für diesen Mord wurde sie gefeiert. Auch eine Frau, die mit einem Mühlstein einem Krieger den Schädel zerschmetterte, war eine Heldin. Gruselig ist die Geschichte, bei der ein Priester ein Liebespaar mit einer Lanze tötet. Er traf gleich zwei mit einem Streich. Welche Schuld hatten die Babys im alten Ägypten? Pharao wollte seine hebräischen Sklaven behalten. Gott tötete in einer einzigen Nacht alle erstgeborenen Knaben der Ägypter.

Mir graut vor diesem Gott! Mir graut vor Religionsgemeinschaften, die einem Monstergott dienen wollen.

Die Geschichte, die davon erzählt, dass schwangeren Frauen der Bauch mit dem Schwert aufgeschlitzt wurde, war für mich der blanke Horror. Zurecht gibt es entsetzte, weltweite Proteste, wenn ähnliche Gräueltaten von islamistischen Kämpfern berichtet werden. Warum sollten wir glauben, dass Gott jemals etwas damit zu tun hatte? Ach ja, da gab es noch einen ganz besonderen Helden. Simson, der mit einem Esels-Kinnbacken 1000 Männer erschlug und mit seiner Kraft einen Tempel über tausenden Menschen zum Einsturz brachte und tötete. Was die Anweisung bedeutete, dem König 200 Vorhäute zu bringen, damit er die Königstochter heiraten durfte, habe ich als Kind nicht verstanden. Um so mehr verabscheue ich heute diese Barbarei.

Ich stellte mir vor, wie das Blut spritze, als ein Prophet Agag, den König vor den Augen des Volkes in Stücke schlug. Ich kann von der Belagerung einer Stadt erzählen. Sie dauerte so lange, dass während der Hungersnot Mütter ihre Söhne kochten und verspeisten. Ich hatte grausame Angst, vor der großen Drangsal, die bald kommen sollte. Was, dachte ich verzweifelt, wenn meine Adoptivmutter mich verspeisen wird?

Oh Gott - wenn ich an Isebel denke! Sie wurde uns so oft als warnendes Beispiel unter die Nase gerieben. Von ihrem Tod wurde geradezu genussvoll erzählt. Soldaten stürzten sie aus dem Fenster und die Hunde fraßen sie. Soll ich etwa einen Gott anbeten, der es für gut befindet 70 Söhne eines Königs töten zu lassen? Damit nicht genug auch alle, die zum Haus des Königs gehörten, wurden abgeschlachtet? Dieser gleiche Gott, ist heute angeblich kurz davor, in einem gigantischen Blutbad, alle Menschen zu töten, die den falschen Glauben haben. Es tut mir leid. Auf diese Art Gottesliebe kann ich verzichten!

Das ist doch nur ein kleiner Auszug aus den Kriegs- und Gräuelgeschichten des Buches, das sie die »Heilige Schrift« nennen.

Ja, die ganze christliche Glaubensgeschichte beginnt doch in Wirklichkeit mit einem Mord. Da wird ein Mann an ein Holz genagelt und das ist das heilige Symbol von christlicher Liebe. Hallo! - Wenn der Gott, allmächtig, allwissend, allweise sein sollte, wieso hat er es dann nötig, mit solchen Mitteln seine Macht zu demonstrieren? Da stimmt doch etwas nicht. Was wäre, wenn dieser Mann damals gehängt worden wäre? Dann wäre ein Galgen mit Mann dran heilig - oder?

Nein, bleibt mir vom Leib mit Religion - das ist für mich nur abstoßend. Ich werde mich bestimmt nicht mehr davon einlullen lassen. Seht euch doch die Extremisten in anderen Religionen an. Nichts als Morden, Zerstören, Bekriegen und Streiten darum, wer die göttliche Offenbarung für sich gepachtet hat. Ich kann es nicht mehr hören.«

Sophia war unübersehbar sehr aufgebracht. Mit einer energischen, abschließenden Geste gab sie die Pyramide an Griseldis ab.

46 Die Suche nach dem gemeinsamen Nenner.

Die Kalkulation von Dr. Griseldis Redlich ist aufgegangen. Die Gruppe hatte die Signalwirkung der Wortpyramide verinnerlicht und hörte jeweils zu, ohne den Sprecher zu unterbrechen. Ab und zu beobachtete sie, dass es nicht immer allen leicht gefallen ist. Darum sprach sie zunächst ein ganz großes Lob aus:
»Bravo! Ich muss sagen, ihr habt mich sehr beeindruckt. Aus eurer Sicht der Dinge habe ich persönlich viel gelernt. Mein Kompliment für eure Geduld, jeden ausreden zu lassen. Das ist keine leichte Übung.
Es imponiert mir, wie ihr es geschafft habt, die persönliche Perspektive zu eurem Glauben zu verlassen und die Sicht von anderen Gläubigen anzuschauen. Wir leben in einer

dreidimensionalen Welt und nehmen die Dinge in dreidimensionalen Bildern wahr. Wird das Bild von der dritten Dimension in die zweite herunterprojiziert, entsteht ein Zerrbild.

Experimentieren wir mit der Tatsache, dass der Mensch Freiheit ist. Wer diese Freiheit in »Schicksal« herunterbricht macht daraus Pandeterminismus. Er verleugnet die menschliche Freiheit, sein Da-Sein, zu gestalten. Natürlich ist der Mensch auch »determiniert«, also Bedingungen unterworfen. Er ist soziologischen, psychologischen und biologischen Bedingungen unterworfen. Von diesen Bedingungen können wir uns nicht befreien. Nicht dieser Determinismus - Bestimmung, leugnet unsere Freiheit. Wir sind nicht frei *von* etwas. Sondern wir sind frei *zu* etwas. Wir können zu allen Bedingungen unsere eigene Stellungnahme wählen. Wer alles Geschehen mit Schicksal definiert und es für unabwendbar hält, verzichtet auf seine Freiheit und damit auf seine Persönlichkeit. Wer stets davon ausgeht, dass alles vom Charakter oder von Gott bestimmt ist, degradiert die Freiheit und unterwirft sie dem Kollektiv. Ein Merkmal, das typischerweise bei extremen Kulten zu beobachten ist.

47 Krishnamurti beschreibt Religion.

Ich las eine provokante Aussage von Jiddu Krishnamurti. Wie bewertet ihr seinen Gedanken:

»Organisierte Religion ist keine Religion. Dieser ganze Unsinn aus Ritualen, Dogmen, Theorien und den Theologen, die sich neue Theorien ausdenken, ist keine Religion.

Wahre Religion ist keine Frage von Dogmen, Orthodoxie und Ritualen, sie ist kein organisierter Glaube.

Der organisierte Glaube tötet die Liebe und Güte.

Religion ist ein Gefühl von Heiligkeit, Mitgefühl und Liebe.

Ein glücklicher Mensch folgt niemandem.

Nur die Unglücklichen, Verwirrten, folgen eifrig anderen, in der Hoffnung, bei ihnen Zuflucht zu finden. Und sie werden Zuflucht finden, aber diese Zuflucht ist ihre Finsternis, ihr Untergang.«

»Ich fühle mich von dieser Aussage provoziert. Sie wirkt auf mich überheblich. Obwohl ich einzelnen Punkten zustimme, sehe ich die Sehnsucht nach Religion nicht nur bei den Unglücklichen und Verwirrten.« Gotthilf wehrte sich mit diesem Protest gegen die vermeintliche Unterstellung, er sei unglücklich oder verwirrt gewesen, als er auf der Suche nach Gott war.

»Aber er hat doch Recht. Dogmen und die Forderung nach bedingungsloser Akzeptanz des Klerus, Priester, Geistgeleiteten, Erleuchteten und wie sie alle genannt werden, lassen keine echten Gefühle zu. Die gehen doch über Leichen, wenn sie ihre Vorschriften durchsetzen wollen. Das Ansehen der eigenen Person oder Organisation hat doch immer oberste

Priorität. Solchen organisierten Religionen zu folgen, heißt doch genau das, was Griseldis über den Verzicht auf die Freiheit gesagt hat«, warf Sophia ein.

»Schön und gut«, überlegte Gotthilf, »ich persönlich war auf der Suche nach Gott, als ich mich einer rigide geführten Religionsorganisation angeschlossen habe. Ich war zwar unglücklich über den Tod meines Freundes, das stimmt schon. Die Sehnsucht nach der Wahrheit ließ mich auf die Einflüsterung hören. Ich suchte das Gefühl nach Heiligkeit, Mitgefühl, Liebe. Es hat lange gedauert, bis ich die Täuschung hinter der Maske erkannte. Das lag an meinem Vertrauen zu den Menschen, die behaupteten, mich zu lieben. Sie haben ihre Botschaften so oft und so lange wiederholt, bis ich glaubte, es ist die Wahrheit. Ich fühle mich verraten. Aber ich bin immer noch auf der Suche nach der wahren Religion. Ich habe den Wunsch, an Gott zu glauben.«

»Ich glaube zu verstehen, was er meint«, sagte Klara. »Wahre Religion - ich sage lieber wahrer Glauben, weil ich damit besser in mich hineinschauen kann - lässt sich nicht reglementieren. Sobald zu mir jemand sagt, du musst mich lieben, lädt er mir eine Bringschuld auf. Ich reagiere nicht mehr nach meinem realen Gefühl, sondern auf Kommando. Ich gehe eine geschäftliche Abmachung ein. Das forderte meine Religionsgemeinschaft. Sie schrieb mir vor, wann ich wen lieben darf und wie ich Liebe beweisen kann. Sie beschreibt Liebe als Dienstleistung, die Gott unter bestimmten Bedingungen gewährt. Damit tötete der Kult die echten Gefühle. Krishnamurti hat Recht. Organisierte Religion, die das Leben mit Dogmen, Vorschriften und Regeln füllt, ist keine Religion, die eine wahrhaftige Verbindung zu Gott herstellt.«

48 Wer ist Gott?

»Wer ist Gott?«, wollte Maria wissen. »Woher wollt ihr wissen, dass es ihn gibt? Wenn es diesen Allmächtigen geben sollte, wieso hat er nicht schon längst das Elend, den Hunger, die Kriege hier beendet? Ihr sprecht von Liebe. Wo ist seine Liebe im Angesicht der Flüchtlingsströme? Die sind ganz sicher nicht glücklich in ihrer Situation. Wo ist für diese Verwirrten, eine Zuflucht zu finden? Wenn Krishanmurti schon so kluge Worte spricht, dann hätte ich ihn gerne gefragt, wie man zu den Glücklichen gehören kann, die keine Religion brauchen.«

Es war offensichtlich, dass Maria mit dem Thema Religion nicht im Reinen ist.

»Das Thema ist vielschichtig. Es ist töricht, darauf eine einfache und allgemeingültige Antwort zu erwarten. Genau das tun viele, die in die Fänge einer Sekte geraten. Das Erfolgsgeheimnis der Gurus und Sektenwerber ist, auf alle Fragen eine einfach, scheinbar plausible Antwort zu präsentieren«, erklärte Griseldis.

»Starten wir ein gemeinsames Experiment. Ihr wisst: Bilder sagen mehr als tausend Worte. Bilder oder Metapher entstehen aus der Beobachtung. Daraus formen sich beschreibende Worte, die jeder versteht. Beispiel - ihr beobachtet einen Hamster in seinem Rad und versteht sofort, was mit der Metapher »Hamsterrad« gemeint ist.

Quirin erzählte die Geschichte der kath. Kirche und dem Problem mit der Drehung der Erde. Solange die Bahn der Gestirne aus der Perspektive der Erde beobachtet wurde, schien die Erklärung plausibel. Ebenso die Schlussfolgerung, dass bei Gewitter Donner und Blitze vom Himmel kamen, weil Gott im Himmel über irgendetwas zornig ist. Die Vorstellung, ein feuerspeiender Vulkan bringt das Unglück direkt aus der Hölle, ist folgerichtig eine verständliche Metapher.

49 Das Bild der Kiste.

Lass uns ein Bild aufbauen«. Mit diesen Worten holte Griseldis aus ihrem Fundus eine Holzkiste und stellte sie in die Mitte des Raumes.

Auf dem Boden der Kiste verteilte sie verschiedene Figuren, kleine und große, unterschiedlich gekleidet um verschiedene Berufe und Kulturen zu veranschaulichen. Sie nahm eine Handpuppe und erklärte der Gruppe:

»Stellt euch vor, diese Kiste ist eine fundamentalistische, religiöse Gemeinschaft. Die Menschen glauben, sie sind nur innerhalb der Kisten-Gruppe in Sicherheit. Ihr Führer", - sie deutete auf die Handpuppe, die um ein Vielfaches größer als die Figuren in der Kiste ist, - "weiß genau, was richtig und falsch ist. Er erklärt ihnen die Welt und das Universum. Er sagt, Gott spricht nur durch ihn. Er ist Gottes persönlicher Stellvertreter und Mitteilungskanal. Wie das Leben in der Kiste geregelt ist, was von jedem Einzelnen erwartet wird, bestimmt allein der Heilige. Wie beurteilt ihr die Situation dieser Menschen? Bitte beschreibt Eure Gefühle, während ihr das Bild betrachtet«.

»Ich verspüre die Begrenzung körperlich, denn ich denke daran, in einer solchen Situation gelebt zu haben«. Klara war die Erste, die erstaunt auf das Bild reagierte. »Stimmt, Anweisungen versperrten mir die Sicht auf eine andere Welt. Auf der Suche nach einem Ausweg stieß ich an Mauern des Schweigens. Ich wagte nicht über den Rand der Begrenzung zu schauen. Ich ließ mich von der Drohung der Vorsteher einschüchtern, dass Zweifel an ihrer Stellung als geisternannter Mitteilungskanal Gottes, eine frevlerische Sünde sei.«

»Das kann ich nur bestätigen«, sagte Sophia. »Genau so funktionierte das auch bei mir. Es ist schier unmöglich, zu durchschauen. Ich bedenke die Selbstgerechtigkeit der Führung. Keine Kritik wurde zulassen. Bei Schwierigkeiten waren die kleinen Anhänger selbst schuldig. Sie hätten mehr tun müssen, um ihre Liebe und Hingabe zu beweisen. Ein Weltbild, dass nur wir gut sind, klang logisch. Natürlich war folgerichtig dann alles außerhalb der Mauern schlecht und böse, sogar lebensgefährlich und verhinderte den Blick über den Rand. Es ist leicht, eine Karikatur von Gott zu vermittelt, der nur dann zufrieden ist, wenn Opfer gebracht werden, die auch richtig weh tun.«

»Ich erkenne mich in der Kiste«, erklärte Gotthilf. »Sie schafft eine Illusion von Licht und Wahrheit. Unfassbar, dass ich mich da befand. Ich geriet in ein komplexes »Du sollst und Du musst« System, welches ein Gefühl vermittelt, der Liebe Gottes nicht würdig zu sein. Sowas wirkt wie der Antreiber, damit man sich bis zur totalen Erschöpfung verausgabt. Das soll ich gewesen sein? Ein Knecht, dem eingeredet wurde, er sei persönlich von Gott für christliche Taten erwählt. Grotesk zu glauben Gott erwählt persönlich jemanden, den man mit einem Fingerschnippen entsorgen kann, wenn er nicht mehr funktioniert. Sie schafften es, mich felsenfest davon zu überzeugen, dass ich alles freiwillig tue. Welche Verblendung! Andererseits erinnert mich dieses Bild daran, wie viel Energie es mich kostete, die Zweifel in Schach zu halten. Ich brauchte Kraft für die Maske oder meine persönliche Fassade. In die Mauer bohrte ich Löcher. Sie erinnerten mich an mein Leben vor der Kiste. Ich sehnte mich danach zurück. Deine Erklärung,

Griseldis, zur Freiheit der Gestaltung bekommt für mich mit dieser Veranschaulichung einen praktischen Wert. Ich benützte diese Freiheit, um über den Rand der Kiste zu schauen und eigene Entscheidungen zu treffen. Mit diesem Bild kann ich jetzt verstehen, wie Glauben - oder Religion - nicht funktioniert.«

»Ich fühle keine Verbindung zu der Kiste«, stellte Quirin fest. »Meine Frage ist, wie kommen die Menschen in so eine kistenähnliche Situation? Was heißt »religiös«? Der Sinn des Wortes ist »Rückbindung, rücksichtsvoll, gewissenhaftes Beachten«. Wohin will der Mensch mit Religion zurückgebunden werden? Ich interpretiere es positiv, wenn Religion dazu anleitet, rücksichtsvoll zu sein. Ich kann mir ein Leben ohne Religion nicht vorstellen und nehme an, dass sie ein Ur-Bedürfnis ist, das nicht nur ich verspüre. Das erklärt die Erfolge der religiösen Erweckungsprediger, die nach dem Krieg in Deutschland zum Beispiel Hunderttausende Anhänger hatten.
Ich erinnere mich an Pater Leppich aus Köln oder Bruno Gröning, der Wunderheilungen versprach. Oder den Päderasten und späteren Gründer von Colonia Dignitad in Chile, Paul Schäfer. Sie alle befriedigten mit ihren Parolen ein Bedürfnis nach Bindung zu einer höheren Instanz. Dabei sind einfache Worthülsen ausreichend um die Hingabebereitschaft einzufordern. Die Anhänger waren bereit, selbst ihr Leben zu

opfern oder ihre Kinder extremer Folter auszuliefern. Sie akzeptierten die Forderung nach absolutem Gehorsam, die permanente Überwachung, sie glaubten Drohungen vom Teufel und Dämonen oder einer drohenden Vernichtung. Die Gläubigen wurden zu friedfertigen Lämmern getrimmt, die jede ausbeuterische Forderung akzeptierten.

Der Unterschied liegt offensichtlich im Wie. Wie die ersehnte Rückbindung erfolgt. Ist sie behutsam, stehen der Mensch und seine Bedürfnisse im Mittelpunkt? Geschieht sie mit Drohung und fundamentalistischen Forderungen nach Unterwerfung? Dienen sie den Zielen der Gurus oder Führer? Die verlockenden Versprechungen sind Schall und Rauch. Sie schaffen kein Paradies, keinen Weltfrieden, keine ewige Gesundheit - oder was auch immer ihre Lockmittel sind. Ihr Gott bleibt undefinierbar. Also welches »Zurückbinden« erwartet der Mensch von Religion? In einem Punkt stimme ich Krishnamurti zu. Um die Antworten auf solche Fragen zu finden, ist auf eine organisierte Religion kein Verlass. Für die absolute Suche nach persönlichem Sinn im Leben muss man in sich hinein hören und unbewusste Bedürfnisse erforschen.«

50 Was haben Diktatur und Religion gemeinsam?

Nachdenklich hatte Maria den Aussagen aus der Runde zugehört, bevor sie sich äußerte:

»Schaut euch das Bild genau an. Es zeigt deutlich, dass es um die Macht einer Person oder Führung über Anhänger, also andere Menschen geht. Das ist auch auf andere Gruppierungen zu übertragen.

Ich kenne amerikanische Verkaufsstrukturen, die ein Wir-Gefühl bei dem Team indoktrinieren, als gäbe es nichts Großartigeres auf der Welt. Die Mitarbeiter werden durch Wettbewerb, Belohnung und Bestrafung und vergleichenden Gruppendruck letztendlich ausgebeutet. Wer den Ansprüchen nicht mehr gerecht wird, wird entsorgt. Da kann ich aus Erfahrung ein Wort mitreden.

Funktionierten nicht politische Diktaturen, die wir auf allen Kontinenten schon erlebt haben in ähnlicher Weise? Die Diktatoren - ob es Monarchen oder Oligarchen oder Parteibonzen sind, - erreichen ihre Ziele mit den gleichen Mitteln propagandistischer Versprechungen, gepaart mit Belohnung und Bestrafung. Erst versprechen sie dem Volk das, wonach es sich sehnt. Dann folgt ein ganzes Bündel von psychologischen Maßnahmen, um die sozialen Einstellungen, das Denken und Verhalten zu verändern.

Den Menschen wird nicht auf die Nase gebunden, dass sie in Zukunft in eine engmaschige Kontrolle geraten. Die Zeit, der Umgang, die sozialen Kontakte und Aktivitäten, die Informationen - alles wird reglementiert. Es wird kontrolliert, ob die Regeln eingehalten werden. Es wird überwacht, bespitzelt und denunziert. Die Voraussetzung für eine totale Unterwerfung.

Das baut Angst und Abhängigkeit auf. Der Gruppendruck verändert das Verhalten. Gut wird empfunden, was systemkonform ist. In kleinen Schritten vollzieht sich die Umerziehung. Das ist der Trick.

Das Individuum merkt nicht, wie es destabilisiert und radikalisiert wird. Ohne Selbstwert gibt man sich auf und wird von der diktatorischen Organisation abhängig. Man lässt zu, als Werkzeug missbraucht zu werden. So verstehe ich inzwischen, was mir widerfahren ist.

Nach meiner Meinung sind sektenähnliche Strukturen - egal ob in Religion, Familie, Wirtschaft oder Politik mit Diktatur oder Machtgier gleichzusetzen. Im Unterschied zu religiöser Diktatur sind die Folgen der menschlichen Diktatur unmittelbar am eigenen Leib zu spüren. Unliebsame Zeitgenossen werden gemobbt, bedroht, terrorisiert, in Arbeitslager deportiert, zum Tod verurteilt usw. Das ist reale Gefahr.

Religionsdiktatur verkauft ein Paradies oder die Hölle. Das sind Illusionen. Sowas ist eindeutig destruktiv und schädlich für unsere Gesellschaft und den sozialen Frieden.

Sekten züchten unmündige Personen heran, die nicht den Mut haben, selbstbestimmt zu leben. Die Isolation, die Abschottung durch die unsichtbaren Mauern - ich erfuhr sie in ganz extremer Form, - zerstört Familien und Sozialgemeinschaften. Sie fördert Intoleranz, Ängste und psychische Probleme. Sind wir nicht das beste Beispiel dafür?

Ich bin ziemlich wütend. Ich denke, unsere Gesellschaft schaut da gedankenlos weg. Sie überlässt Gurus und Diktatoren das Feld. Die sind an Menschen interessiert, die sie zur Geldbeschaffung und Gewinnmaximierung rekrutieren können.«

»Ich bin beeindruckt von euren Gedanken«, sagte Griseldis in ehrlicher Anerkennung. »Ihr habt es geschafft, mich zu überraschen. Es ist euch gelungen, das Thema Religion und Glauben aus unterschiedlichen Perspektiven zu sehen. Ein Gesichtspunkt fehlt noch.

Denkt an eine lange Liste von Versprechungen, die der Erleuchtete seinen abgeschotteten Mitgliedern gibt: immerwährende Jugend, Schönheit, Paradies, Sexutopia, vollkommene Witterung ohne Tsunami oder Erdbeben, nie mehr Missernten, nie mehr Ärger mit einem unmöglichen Arbeitgeber, vollkommene Kinder. Aus einem dieser Gründe begeben sich Menschen in Abhängigkeit. Ihr beobachtet dieses Utopia von Außen. Wo befindet es sich?«

»In der Welt, von der es sich abschotten will«, stellte Klara fest.

»Genau!«, sagte Griseldis. »Egal, wer die Illusion von der Einzigartigkeit verbreitet. Egal ob die Anhänger freiwillig der Elitetruppe beigetreten sind. Egal ob sie Hineingeborene sind. Egal ob sie vergessen haben, dass es draußen eine andere Welt gibt. Egal welche Ängste sie plagen. Sie sind ein Teil der Außenwelt. Sie könnten sich zu jeder Zeit entscheiden, zu bleiben oder einen eigenen Weg zu wagen.

Sie sind trotz der extremen Fremdbestimmung von der Ur-Bestimmung her frei. Wer sich nach Freiheit sehnt, mag sich verloren und verlassen fühlen. Er vergaß womöglich, wer er wirklich ist. Er fürchtet sich vor dem Fremden. Das Kollektiv kann in der abgeschotteten Welt nur eine Pseudorealität wahrnehmen. Dass es in mehreren Welten lebt und Teil davon ist, erreicht die Wahrnehmung der Einzelnen nicht.

Ihre abgeschlossene Welt ist die Grenze ihrer Wahrnehmung, nicht die Wirklichkeit.

Denkt an unsere Kiste, die keine Fenster nach Außen besitzt. Ich bitte euch, über den Aspekt nachzudenken. Was passiert, wenn sie die Zusammenhänge verstehen lernen? Um wie Vieles wird der Horizont weiter? Wie grenzenlos sind die Möglichkeiten, wichtige, aufregende Dinge des Lebens zu entdecken? Mit dieser Bitte möchte ich die heutige Runde beschließen.

51 Die Quellen der Mythen.
Eure unterschiedlichen Fragen wollen wir zum Leitfaden für das nächste Treffen nehmen.

Quirins Frage: Was ist der Wille Gottes und ist er so sexualfeindlich, wie es gemäß der kirchlichen Darstellung erscheint, ist sehr wichtig. Wir sollten uns fragen: Wonach Rückbindung? Steht wirklich die "Bindung" im Vordergrund, oder ist es die Sehnsucht nach Rücksicht, Beachtung, Religio die zur individuellen Freiheit der Entfaltung anleitet, oder nur zur Beachtung des "Göttlichen" einengt?

Gotthilf sucht Antworten zur Entstehung von Mythen und wie die Erleuchtungen zustande kamen. Er hat den Wunsch an Gott zu glauben. Kann Glaube gefunden werden?

Klara interessiert die Antwort auf die Frage was ist Wahrheit?

Wohingegen Maria lieber zu den Glücklichen gehören möchte, die ganz ohne Religion leben können.
Sophia ist mit Recht wütend, wenn sie an den geistigen und körperlichen Missbrauch denkt. Sie sollte mit neuen Gedanken, neue Wege gehen. Die bekannten Pfade führen zwangsläufig immer wieder in die gleiche Sackgasse. Wer immer in die Fußstapfen anderer tritt, findet keinen eigenen Weg. Sooft man es auch versucht, wenn man keine neuen Wege geht, erreicht man kein neues Ziel.

Ist das für euch ein guter Plan?«

Ja, die Gruppe fand, dass es ein sehr guter Plan ist. Sie trennten sich in aufgewühlter Stimmung. Sie fühlten die Suche nach Antworten als dringendes Bedürfnis.

52 Nicht warum fragen, sondern wozu.

Klara schwirrte der Kopf. Sie brauchte frische Luft. Inzwischen waren ihr kurze Spaziergänge im Klinikpark möglich. In Gedanken versunken, setzte sie sich auf eine der Bänke, die rund um einen kleinen Teich mit Seerosen und Goldfischen, zum Verweilen einluden. Die Blüten der Seerosen waren weit geöffnet. Sie fesselten Klaras bewundernden Blick. Wie viel Zeit schon vergangen ist, dachte sie, seit ich auf den Gleisen stand und dem Lokführer zurief, nicht zu bremsen. Wieder fragte sie sich, gefühlt zum 1000. Mal - warum lebe ich noch?
In einem ihrer Therapiegespräche sagte sie zu Dr. Redlich: «Warum durfte ich nicht sterben? Ist es die Strafe für meine Sünden, dass ich das Leiden weiter tragen muss?»

Frau Dr. Redlich sagte damals zu ihr: »Mit der Frage nach dem Warum erreichen sie nichts. Sie können an der Vergangenheit nichts ändern. Stellen sie sich der Herausforderung der Gegenwart. Fragen Sie: »Wozu bin ich am Leben geblieben?« Das schafft die Möglichkeit zu entscheiden, ob sie etwas Sinnvolles mit Ihrer Erfahrung anfangen wollen.«

Klara wiederholte diesen Satz immer wieder. Auch jetzt grübelte sie über das ›wozu‹ nach. In solchen Momenten hatte sie das unbestimmte Gefühl, einen Auftrag bekommen zu haben. Sie versuchte, sich an Träume aus der Zeit ihrer Bewusstlosigkeit zu erinnern. Gefühlsmäßig hatten sie mit ihrem Leben zu tun. Eine Botschaft für ihren Mann und ihren Sohn. Nur welche?

Ihr Mann kam zwischenzeitlich nur, wenn sie ihn bat, Wäsche oder Kleinigkeiten zu bringen. Eine bedrückende Sprachlosigkeit lag zwischen ihnen. Wortkarg berichtete er, dass es ihm in der Arbeit gut ging und dass ihr Sohn, den Halt zu verlieren drohte. Er trinkt zu viel, kümmert sich nicht um einen neuen Arbeitsplatz und reagiert auf jede Frage des Vaters mit ärgerlichem: »Lass mich doch einfach in Ruhe«.

Klara bedrückten sorgenvolle Gedanken. Sie fühlte sich schuldig. Sie bezweifelte, dass es richtig war, ihn gemäß der einzigen göttlichen Wahrheit zu erziehen. Ihre Verzweiflung war derzeit größer denn je. Ich wollte das nicht mehr ertragen, dachte sie. Anstatt das Leiden zu beenden, stehe ich vor einem noch größeren Berg.

Sophia schreckte sie aus ihren Gedanken mit der Bemerkung auf: »Das war heute ziemlich heftig«. Sie setzte sich neben Klara.

53 Rolle der Frau im Fundamentalismus.

»Ja, ziemlich« bestätigte diese. »Wir beide haben ganz offensichtlich sehr ähnliche Erfahrungen gemacht. Zum Beispiel die Rolle der Frau innerhalb unserer Gemeinschaft.«

»Den Eindruck habe ich auch«, bestätigte Sophia. »Ist wohl typisch für Religionen, die sich besonders elitär fühlen. Das gibt es schon seit Jahrtausenden. Wenn ich an die Recherchen von Quirin denke, wird mir schwindelig vor ungläubigem Staunen. Ich frage mich, kriegt man diese permanente Entwertung durch eine fundamentalistische Gemeinschaft wieder aus dem Kopf? Wirst du nicht total wütend, sobald du bestimmte Worte hörst? Demut kann ich zum Beispiel nicht ertragen. Gehorsam ist für mich ein rotes Tuch. Ich kann keine Gefälligkeiten annehmen, ohne zu denken: Da bin ich wieder etwas schuldig. Dann fühle ich mich grottenschlecht. Ich kann nicht vergessen, dass ich immer zu geben schuldig war. Ich habe einer Legion Leuten *»Gastfreundschaft erwiesen«* Sophia sagte das in bitterem, sarkastischen Tonfall. Du kannst dir nicht vorstellen, wie ich oft in den Seilen hing, wenn ich für zehn bis fünfzehn - oder noch weit mehr - Leute kochte. Oder die Arbeiten für die Anbetungsstätten, - mein lieber Schwan - was ließ ich mir da alles aufladen!

Ich kann es heute kaum glauben, dass es Realität war. Aber es war, für uns Knechte, ein gottgefälliger Dienst. Nicht weiter erwähnenswert. Wir haben getan, was wir zu tun schuldig waren. Uns war niemand etwas schuldig. Am allerwenigsten

Gott. Denn da hieß es »*vielleicht*« werdet ihr gerettet. Nur wer aushart bis an Ende, wird gerettet werden. Kannst du verstehen, dass wir am Ende eines Mammuteinsatzes total erschöpft, trotzdem auch noch stolz, glücklich und zufrieden waren? Ich könnte Zetermordio schreien und finde keinen Ausweg aus dem Gefühl von Hass und Wut - ja auf wen? Ich glaube, am meisten auf mich selbst.«

»Wie gut du beschreibst, was ich so alles geleistet habe«, antwortete Klara seufzend. »Ehrlich gesagt bewundere ich dich, dass du das so klar durchschaut hast. Ich denke immer noch, ich sei schuldig. Ich kann nicht wütend sein. Ich bin unendlich traurig und fühle mich verloren in einer Welt, die ich nicht mehr verstehe. Wohin soll man denn nun gehen, wenn man das Vertrauen in jene verloren hat, die uns die Wahrheit brachten? Benedikt hat Recht, wenn er sagt, das Bedürfnis nach Religion ist der Wunsch nach einer Verbindung zu Gott. Aber wo ist Gott? Kannst du wirklich ohne Glauben leben?«

»Ich denke schon darüber nach, seit du Glauben und Religion zwei verschiedene Bedeutungen gegeben hast. Irgendwie kann ich mir schon vorstellen, dass es da etwas Höheres gibt. Nur werde ich mir von keinem Menschen mehr vorschreiben lassen, was ich zu tun und zu lassen habe, um gut zu sein.«

54 Wie vertrauen?

»Der Gedanke beunruhigt mich«, sagte Klara nachdenklich. »Wie kann ich mir plötzlich selbst, ohne die Anleitung eines

Systems von Regeln vertrauen? Im Augenblick bedrückt mich das Gefühl, dass alles falsch war, was ich je gemacht habe. In meinem Kopf ist ein Gedankenkarussell, das ich nicht stoppen kann. Wenn ich in der Vergangenheit nicht zwischen richtig und falsch unterscheiden konnte, wie soll ich das jetzt - ohne Anleitung - schaffen? Ich hoffe, die nächste Sitzung wird etwas Licht ins Dunkel bringen. In der Gruppe der Geisterkannten gibt es keine Heimat mehr für mich. In der Welt außerhalb finde ich keinen Halt. Ich kann mich nicht an Werten orientieren, die mir fremd sind." Mit einem tiefen Seufzer sagte sie, "jetzt ruft aber das Abendessen«. Damit erhoben sich beide und gingen gemeinsam ins Gebäude.

55 Information und Kommunikation.

Griseldis wusste, dass die Suche nach Sinn im Leben Priorität hatte. An zweiter Stelle stand das Gefühl der Sicherheit. Sie benötigten Selbstvertrauen.

Den Umgang mit Informationen und das Verständnis, wie sie vermittelt werden, wählte sie als nächste Trainingseinheit. Die Gruppe hatte sich zu einem Team zusammengefügt. Sie verstanden bereits den Unterschied zwischen der Aufzählung von Fakten und der Bewertung von Beweggründen in der Kommunikation. Sie formulierten ihre Empfindungen in der ICH-Form. Sie übten, genau zuzuhören. Griseldis bat sie hin und wieder, etwas was gesagt wurde, zu wiederholen. Anschließend ermittelten sie gemeinsam das Bedürfnis, hinter dem Problem.

Anfangs fiel es ihnen schwer, hinter einem heftigen Gefühlsausbruch ein bestimmtes Bedürfnis zu erkennen. Je mehr sie voneinander verstehen lernten, desto besser funktionierte es.

»Bevor wir uns euren persönlichen Fragen widmen«, begann sie darum das nächste Treffen, »möchte ich grundsätzlich erklären: Wie funktioniert Information und Kommunikation?« Wir Mediziner stützen uns auf die verschiedenen wissenschaftlichen Studien. Wir betrachten die beiden Ebenen Bewusstsein und Unterbewusstsein. Wenn beide gut funktionieren, geht es uns gut. Wie funktioniert Kommunikation nach eurer Meinung zwischen den beiden Polen? Woher wissen Eizelle und Samenzelle, wie sie einen Embryo gestalten sollen? Wie tauschen sie Informationen aus?«

»Na ja, das ist in den Genen programmiert, denke ich«, sagte Maria nach längerem Überlegen.

»Aus Sicht neuerer Wissenschaften ist unser Geist holgraphisch und jeder Teil des Geistes hat die Kenntnis vom Ganzen. Anders als die Menschen, die in der Kiste gefangen sind und vom Ganzen isoliert wurden. Jede Zelle unseres Körpers hat Informationen über unseren ganzen Körper gespeichert. Unser Geist hat aus dem unbewussten Wissen heraus, Zugang zu den

Informationen der großen Matrix, von der er ein Teil ist. So kann aus einer einzigen Eizelle der ganze Organismus geschaffen werden. Das nicht-physische Informationsfeld des Bewusstseins organisiert mit einem Genom die Codierung und bestimmt, welche Zelle sich entwickelt.

56 Blaupause durch Erfahrung.

Es gibt sozusagen eine Blaupause aus der universellen Erfahrung. Es ist ein Energiemuster für die Entwicklung eines Menschen. Ebenso gibt es unterschiedliche Vorlagen für jedes organische System. Mit den Genen aus einem Saatkorn für eine Eiche überlappen sich die Informationen und leiten sie an, zu einer ausgewachsenen Eiche zu werden. Die wissenschaftliche Theorie besagt: Für jede Zelle, jedes Organ, jedes Organsystem und jede Form des Lebens auf unserem Planeten (und im gesamten Universum) gibt es ein morphisches Resonanzfeld, das die Vorlage liefert, die unsere Gen-Aktivierung steuert.

Schaut nicht so erschrocken drein«, unterbrach sich Griseldis lachend, als sie in die ratlosen Gesichter ihrer Gruppe blickte.

"Ok, das ist auch nicht unumstritten. Die Forschungen sind noch in vollem Gange. Wir können ja experimentieren, wie das mit den Informationen funktioniert. Zunächst erzähle ich euch von dem Experiment mit Affen:

Wissenschaftler schlossen fünf Affen in einen Käfig. In der Mitte stand eine Leiter mit Bananen am oberen Ende. Jedes Mal, wenn ein Affe die Leiter hinaufkletterte, um Bananen zu holen, wurden die restlichen Affen mit kaltem Wasser bespritzt. Nach einiger Zeit schlugen die Affen denjenigen, der versuchte, die Leiter hochzuklettern. Nach einer gewissen Zeit kletterte kein Affe mehr auf die Leiter. Dann wurde einer der Affen ausgetauscht. Schnurstracks versuchte der ausgewechselte Affe, die Leiter hochzuklettern. Die anderen Affen schlugen ihn sofort. Nach einigen Schlägen, verstand der neue Affe, dass er die Leiter nicht hochklettern durfte, obwohl er nicht wusste, warum. Ein weiterer Affe wurde ausgewechselt und dasselbe Szenario passierte. Der erste ausgewechselte Affe beteiligte sich an dem Schlagen des zweiten Affen. Ein dritter Affe wurde ausgetauscht und alles wiederholte sich. Danach nahmen sie den vierten und zum Schluss den fünften Affen und ersetzten sie durch neue. Übrig geblieben war eine Gruppe von fünf Affen, die nie eine kalte Dusche bekommen hatten. Trotzdem schlugen sie jeden zusammen, der es wagte, die Leiter hinaufzuklettern. Wenn ihr die Affen fragen könntet, warum sie jeden schlugen, der die Leiter hinaufklettert, was glaubt ihr würden sie wahrscheinlich antworten: »Ich weiß nicht, so wird es hier einfach gemacht." Kommt euch das bekannt vor?«

»Ja, ich weiß, was du uns sagen möchtest. Wir haben auch alle etwas getan, weil es einfach so getan wurde. Ob es wirklich einen Sinn hatte, haben wir nicht hinterfragt«, antwortete Klara.

57 Der Rosenstock der Zarin.

»Trifft das nur auf eure Erfahrungen mit Religionsgemeinschaften zu, oder gibt es sowas auch im anderen Leben?«, wollte Griseldis wissen.

»Ich kann mich an eine Geschichte aus meiner Studienzeit erinnern«, sagte Quirin. »Die russische Zarin bekam einen Rosenstock aus ihrer deutschen Heimat geschenkt. Er war für sie so wertvoll, dass sie ihn Tag und Nacht von einem Soldaten bewachen ließ. Nach Jahrzehnten fragte jemand den Wachsoldaten, warum er an dieser Stelle Wache hält. Er wusste es nicht. Es war ein Befehl, den niemand hinterfragt hatte. Den Rosenstock gab es längst nicht mehr. Der Befehl war nie aufgehoben worden.« Die Gruppe lachte über die Anekdote.

Sophia erzählte, dass sie von ihrer Pflegemutter bestraft wurde, weil sie eine Mütze auf das Bett geworfen hatte. Sie fragte, warum, und bekam zur Antwort, das tut man nicht. Einmal war die Mutter ihrer Pflegemutter zu Besuch und erzählte, dass sie während des Krieges streng darauf achten musste, keine Kopfläuse zu bekommen. Sie wurde wütend, wenn die Kinder ihre Mützen auf ein Bett legten.

»Da fällt mir auch etwas dazu ein«, meldet sich Gotthilf zu Wort. »Ich glaube nicht, dass noch viele Menschen den

Ursprung der betrieblichen Leistung »Kartoffelgeld« kennen. Pforzheimer Schmuckbetriebe bezahlen im Oktober Kartoffelgeld als traditionelle, außertarifliche Leistung, wenn sie ein gutes Wirtschaftsjahr hatten. Ursprünglich war es ein Ausgleich für die »Goldschmiedebäuerle«. Sie vernachlässigten durch die Arbeit in der Goldschmiede ihre Bauernhöfe, die sie zusätzlich noch bewirtschafteten. Es gab keine Motorisierung im 19. Jahrhundert. Sie gingen zu Fuß nach einem 11-stündigen Arbeitstag nach Hause. Für uns heute kaum vorstellbar, wie die Menschen für ihren Lebensunterhalt geschuftet haben. Die Anerkennung ihrer Leistung war gerade für kinderreiche Familien überlebenswichtig. Heute ist es einfach Tradition.«

»Es ist gut, dass sich auch positive Bräuche über die Generationen erhalten«, sagte Griseldis. Die Weitergabe von Informationen über die bewusste Wahrnehmung funktioniert ähnlich wie die Codierung der Information in den befruchteten Eizellen. Wenn etwas gut funktioniert, oder durch Beobachtung und Erfahrung als richtig wahrgenommen wird, kommt es in den unbewussten Speicher. So werden unsere Gedanken und Ideen im Meer der Möglichkeiten des Universums gespeichert und sind abrufbar. Die Wissenschaft hat das sogenannte enterische Nervensystem entdeckt. Sie spricht vom klugen Bauch, denn dieses Intelligenzzentrum befindet sich im Darm.

58 Das Intelligenzzentrum Darm.

Die Neuronen - oder Nervenzellen - im Bauch wurden in der Evolution offenbar schon vor dem Kopfgehirn entwickelt. Die beiden Systeme kommunizieren über den Nervus vagus miteinander. Die Informationen werden mittels Neurotransmitter ausgetauscht. Zum Beispiel das Serotonin. Im Kopf löst es ein Wohlgefühl aus. Im Bauch steuert es die Verdauung und im Hirnanhang Hormone für Wachstum, Fortpflanzung, Stoffwechsel.«

»Jetzt wundert es mich nicht mehr, dass mir Stress sofort auf den Magen schlägt«, unterbrach Maria die Erklärungen von Griseldis und erntete heitere Zustimmung.

»Stimmt genau!«, bestätigte Griseldis. »Es gibt eine Menge Volksweisheiten, die vermuten lassen, dass dieses unbewusste Wissen, wirklich abrufbar ist. Wenn jemand schlechte Laune hat, sagt der Volksmund: Dem ist eine Laus über die Leber gelaufen. Einer, der sehr spontan ist, reagiert aus dem Bauch heraus. Da würden uns viele Beispiele einfallen. In der Psychotraumatologie gibt es Fachbegriffe wie Symbiosetrauma, symbiotische Verstrickung. Damit wollen wir sagen, dass extreme, traumatische Erlebnisse in ihrer Auswirkung sogar an nachfolgende Generationen weitergegeben werden. Wie die wissenschaftlichen Forschungen vermuten lassen, hängt das mit dem zufällig entdeckten Prinzip der Verschränkung zusammen.

59 Kosmologische Verschränkungen.

Zu Beginn des letzten Jahrhunderts versuchte man, mit den Formeln der klassischen Physik ein Modell der Planeten nachzubauen. Es funktionierte nicht. Es war nicht stabil. Schließlich berücksichtigte man zusätzliche Verschränkungskräfte, die neben den kausalen Kräften der gegenseitigen Anziehung, die Stabilität des Ganzen laut Quantenphysik garantieren. Das ist keine Kleinigkeit, denn damit sind wir sicher, dass das Universum in seinen stabilen Bahnen bleibt. Doch die erstaunlichste Entdeckung ist zweifellos, dass es diese Verschränkung auch in psychologischen Systemen gibt. Es wird von kosmologischen Verschränkungen berichtet, die überall in der Natur auftreten. Ihr habt sicher schon Menschen getroffen, die scheinbar einen untrüglichen Instinkt dafür haben, was gerade richtig oder falsch ist. Sie scheinen auch telepathische Fähigkeiten zu besitzen. Manchen ist das unheimlich. Es wird oft der Esoterik oder der Parapsychologie zugeordnet. Jedenfalls habt ihr sicher schon Personen kennengelernt, die das Talent haben, ein Gemeinschaftsgefühl zu erzeugen. Die sich schnell mit den Anderen verbinden - sagen wir jetzt einfach verschränken - können. Von ihnen sagt man sie hätten eine charismatische Ausstrahlung. Was denkt ihr: Ist das erst in unserer Zeit so?«

»Auf keinen Fall!«, sagte Sophia entschieden.

60 Hologramme

»Bevor wir gleich selbst experimentieren, erzähle ich euch noch von einer ganz neuen, wissenschaftlichen Erkenntnis. Es geht mathematisch erklärt um das holographische Prinzip. Das bedeutet, dass alle dreidimensionalen Objekte in nur zwei Dimensionen kodiert werden können. Hologramme werden mit Hilfe von Informationen erzeugt, die auf einer flachen Oberfläche kodiert sind. Das ist heute ein ganz normales Werkzeug der theoretischen Physik, die besagt, dass unsere gesamte Wahrnehmung ein Hologramm sein könnte. Es wäre dann denkbar, dass die Informationen unserer Realität sich vielleicht am Rande des Universums befinden. Das Universum spricht mit den Mitteln der Synchronizität und überträgt die Informationen in Überlichtgeschwindigkeit. Experimente, um diese Theorie zu beweisen, sind derzeit im Gang. Was die Verschränkung der Materie bedeutet, ist ebenfalls in diesem Zusammenhang Gegenstand der Forschung: Alles Existierende ist aus der gleichen Ursubstanz gebildet und Teil einer überdimensionalen Welt. Physisch sind wir voneinander getrennt. Äußerlich sehen wir verschieden aus. Aber wir sind alle aus dem gleichen Stoff gemacht und über die feinstofflichen Felder miteinander verwoben - verschränkt. Alles was existiert, Menschen, Tiere, Bäume, Berge, Planeten, sind aus derselben Ursubstanz. Alles ist eingebettet in die höherdimensionale Welt.

»Ich bitte um Gnade, Griseldis, das ist mir alles zu kompliziert. Da blicke ich nicht durch«, unterbrach Sophia händeringend den Redefluss von Griseldis.

»Es ist nicht einfach, zu verstehen«, bestätigte diese lachend. »Auch die Quantenmechanik verstehen nicht alle. Trotzdem wird sie angewendet und sie funktioniert. Die Wissenschaftler arbeiten daran, die Theorie zu beweisen. Wir müssen ja nicht so lange warten. Wir setzen voraus, es sind Fakten und Tatsachen. Wir stellen uns vor, wir wären eine auserwählte Gruppe. Nach vielen Generationen erzählen unsere Nachkommen Geschichten über uns. Wir waren die ersten Sehenden der Holographie. Jemand hat uns mit seinem Vortrag zu diesem Thema in den Bann gezogen weil es neu, phantastisch, überzeugend klang. Es begeisterte uns. Wir verstanden nicht alles. Wir glaubten einfach alles. Wir fühlten uns als Wissende, elitär und überlegen. Wir gaben das begeistert weiter, indem wir erzählten, was wir uns gemerkt hatten und wovon wir überzeugt waren. Was du sagst stimmt. Wir verstehen nicht alles und es ist noch nicht alles erforscht. Es wird Veränderungen geben. Alles, was mündlich weiter gegeben wird, ist verändert und abhängig von dem Verständnis dessen, der die Information transportiert. Bedenkt die fatalen Folgen einer Doktrin, die behauptet, jedes überlieferte Wort sei unveränderbar zu glauben, weil göttlichen Ursprungs!

Genauso könnte eine neue, religiöse Gemeinschaft entstehen. Sie bekommt immer mehr Anhänger und nach vielen Generationen lebt sie noch nach ihren Dogmen und Riten, die mit dem ersten rudimentären Wissen entstanden sind. Selbstverständlich glauben die Anhänger, im Besitz der alleinige Wahreit zu sein. Das ist keine Utopie.

61 Der Jedi Orden - aus Star-Wars.

Als der erste Star-Wars-Film erschien, wurde eine neue Religionsgemeinschaft mit dem Namen Jedi gegründet. Die ursprüngliche Absicht war, gegen die Frage nach der Religionszugehörigkeit bei der Volkszählung in Neuseeland zu protestieren. Es hatte als Scherz begonnen. In einer anonymen E-Mail wurden die Neuseeländer aufgefordert, die Frage nach der Religionszugehörigkeit mit »Jedi« zu beantworten. Mehr als 53 000 Neuseeländer folgten dem Aufruf. Das machte Schule. In Australien bezeichneten sich bei der Volksbefragung schon 70 000 Australier als Anhänger des Jedismus. Das Erstaunliche daran ist, dass sich die Menschen tatsächlich mit einer Religionsgemeinschaft verbunden fühlten, die es faktisch gar nicht gab. Sie Orientierten sich an dem Filmgeschehen. In Großbritannien erreichte der Jedismus im Jahre 2001 seinen Höhepunkt mit mehr als 390 000 Anhängern. Im Internet sind Portale zu finden, in denen sich die Star-Wars-Jünger vom amerikanischen »Temple of the Jedi Order« über das Glaubenssystem informieren. Es gibt ein Glaubensbekenntnis, Lehren und Maxime. Rituale wurden entwickelt und der

Brauch, dass bei Hochzeiten oder Beerdigungen der Beistand der Macht erbeten wird.

Das universelle Gesetz sagt, dass jede Wirkung eine Ursache hat. Jede Tat, die unser Leben betrifft, erfordert, dass wir uns damit befassen. Auch wenn wir nach dem Prinzip der symbiotischen Verstrickung nicht die Täter sind. Trotzdem stehen wir vor *Tat*sachen, die heute so sind, wie sie sind. Das Vergangene können wir nicht mehr ändern. Jedoch sind wir frei unsere Haltung dazu zu überprüfen und wenn nötig zu verändern.

62 Veränderung durch Übersetzungsfehler.
Quirin beschäftigte sich mit der Geschichte der Handschriften und Abschriften zur Bibel. Er entdeckte erschreckend viele Veränderungen. Lasst uns darüber nachdenken, wie Veränderungen passieren.
Könnte eine Veränderung unabsichtlichen, durch ein Missverständnis entstehen? Natürlich, wenn der Übersetzer die wahre Bedeutung eines Wortes nicht kennt. Ein Sozialarbeiter erzählte mir eine lustige Begebenheit. Er kam beim Sprachunterricht mit einem Asylbewerber ins Gespräch. Er hatte schon gute Fortschritte in seinen Deutschkenntnissen gemacht. Er wollte von dem Sozialarbeiter wissen, wie man in Deutschland die Todesgefahr von den Rasen beseitigt. »Von welchem Rasen?«, wollte Kurt, mein Bekannter wissen. »Ich habe das auf einem Schild an der Autobahn gelesen«,

antwortete der Afghane, »Rasen ist tödlich«.
Die Gruppenmitglieder lachten herzlich.

»Nun stellt Euch doch mal vor, dieser Mann, schickt seiner Familie einen Bericht von tödlichen Rasen in Deutschland nach Hause. Wenn er Ingenieur ist, denkt er vielleicht schon über die Konstruktion eines Spezial-Rasenmähers nach", spann Gotthilf den lustigen Gedanken prustend vor Lachen weiter.

"Oder eine Frau las im Wartezimmer des Arztes von der Hochzeit des Thronfolgers". Gab Griseldis ein weiteres Beispiel. "Ihr fehlt trotzdem noch einiges Vokabular. Darum versteht sie nicht, was mit der Information im nächsten Artikel gemeint ist: Die Hochzeit des Barock war im 16. bis 18. Jahrhundert.
Überlegt die Wichtigkeit der Interpunktion: »Schüler sagen, Lehrer haben es gut«, hat eine andere Bedeutung wie »Schüler, sagen Lehrer, haben es gut«.

»Ich bewies mit der Interpunktion, dass alle Bibelübersetzungen falsch seien«, erzählte Sophia. In einem Text aus Lukas Kapitel 23 Vers 43, mit der Interpunktion nach Wachtturm-Lesart, lautet ein Ausspruch Jesu bei der Kreuzigung: »Und er sprach zu ihm: „Wahrlich, ich sage dir heute: Du wirst mit mir im Paradies sein." In anderen Bibelübersetzungen lautet die Antwort Jesu: »Wahrlich, ich sage dir: Heute noch wirst du mit mir im Paradies sein!«

Das könnte bedeuten, die Seele wechselt von der stofflichen in die nicht stoffliche Ebene. Das geht bei Zeugen Jehovas gar nicht. Sie lehren, dass der Mensch eine Seele ist und keine Seele hat.«

»Da fällt mir auch etwas dazu ein«, meldet sich Maria zu Wort. »Ich gehe zur Bank, kann bedeuten, ich möchte mich ausruhen oder ich brauche Geld. Uhu kann eine Produktmarke sein oder ein Vogel«.

»Ihr habt es erfasst« lachte Griseldis. »Bedenkt jetzt, wie schwierig muss die erste Übersetzung der Texte aus der aramäischen Bildersprache in das nüchterne Griechisch der Septuaginta gewesen sein.

Die Semiten sprechen auch heute noch in Gleichnissen und Sprichwörtern. Sie lieben es, Ereignisse die sie beschreiben, auszuschmücken. Ähnlich, wie ein Maler sein Bild schmückt und aufwertet, wenn er einen schönen Rahmen dafür wählt, könnte man sagen, diese Sprache umrahmt ihre Erzählungen.

Wenn wir die Mentalität der syrischen Flüchtlinge wirklich verstehen wollen, müssen wir die Art ihrer Kommunikation verstehen. Sie wollen einen Eindruck, ein Bild ihrer Botschaft vermitteln, nicht unbedingt einen wissenschaftlich genauen Bericht. Sie wollen, dass der Zuhörer die Dramatik des Geschehens versteht, und schmücken die Details mit ihren Empfindungen aus.

»Das ist umgekehrt genauso« warf Maria ein. »Wer bei uns in Oberbayern nach einem erfolgreichen Geschäftsabschluss den

Satz: ›des is a gmahte Wiesn‹ hört, muss schon bayerischen Dialekt verstehen um die Bedeutung zu erfassen.«

»Ich hätte zum Beispiel Erklärungsbedarf« bat Sophia lachend.

»Also dann übersetze ich mal", lachte Maria. »Nimm an du schließt ein Geschäft mit einer sicheren Gewinnerwartung und ohne Risiko ab, dann beschreibst du es mit der Metapher: Das ist eine gemähte Wiese. Du hast die Ernte praktisch schon eingefahren.« Sie erntete allseitige heitere Zustimmung.

63 Bilder und Metapher aus dem Aramäischen.

»Genau das passierte auch in vielen Erzählungen der Bibel«, fuhr Griseldis fort.

»Die Bilder oder Metapher beschreiben etwas. Sie sind keine Handlungsbeschreibung, die wörtlich übersetzt werden kann. Die Zehn Gebote werden mit dem Finger Gottes auf Steintafeln geschrieben. Dafür hätte Mose keine 40 Tage auf dem Berg verbringen müssen. Mit dieser Formulierung soll beschrieben werden, wie vollkommen die Zehn Gebote sind.

Die Speisung von 5000 Personen ist die Ausschmückung eines Ereignisses. Je dramatischer und wunderbarer über etwas berichtet wird, desto lieber glaubt man es. Der Bericht: ›die ganze Stadt versammelte sich mit ihren Kranken vor dem Haus, in dem Jesus lehrte‹, gibt einer schlichten Tatsache, dass Kranke zu Jesus gebracht wurden, einen schmückenden Rahmen.

Mit diesem Wissen sollten wir biblische Dogmennäher unter die Lupe nehmen.

Die Nachrichten berichteten, dass sich eine Staatsangestellte in Kentucky weigerte, ein gleichgeschlechtliches Paar zu trauen. Sie berief sich auf ihre Pflicht, die christliche Ehe zu verteidigen. Darum forschte ich nach, welche sexuellen Normen die Bibel aufstellt. Wenn diese die Basis für die gesellschaftlichen Normen sind, sollten wir darin die Formen der gottgefälligen Beziehungsmodelle finden.

Welches Modell soll für uns die Richtschnur sein?

64 Biblische Normen zu Sex.

Die Bibel berichtet von Polygamie, die Gott segnete. Abraham, Jakob, David, Salomo.

Wenden wir die genauen Anweisungen für die Behandlung von Sklavinen aus dem Gesetz Mose an? Sie legen fest, wie ein Mädchen zu behandeln ist, das als Sklavin gekauft und anschließend zur Ehefrau oder Zweitfrau genommen wurde.

Tolerieren wir Jungfrauen als Kriegsbeute? Das Gesetz enthielt Vorschriften zur rituellen Reinigung, bevor sie sexuell benutzt wurden.

Inzest wird verboten, doch Abraham heiratete seine Halbschwester Sarah und wird von Gott gesegnet. Lots Töchter hatten Beziehungen zu ihrem Vater und bekamen Söhne, die

Stammväter großer Nationen wurden. Sie galten als Beweis für Gottes Segen.

Die Schwagerehe war verpflichtend in der jüdischen Tradition. Sie wurde auch im Neuen Testament nicht verurteilt. Betrachten wir sie heute noch als Verpflichtung?

Ehefrauen hatten das Recht, ihren Sklavinnen zu befehlen, mit den Ehemännern Verkehr zu haben. In keinem der Fälle las ich die Bedingung: Vorausgesetzt die Frau willigt ein.

Die Anführer christlicher Religionsgemeinschaften stritten jahrhundertelang darüber, wie man Konkubinen und Polygamie bewerten soll und wie Sex-Sklaven zu behandeln sind.

Ich schlussfolgere aus diesen Beispielen, dass die Rollenverteilung in unserer Gesellschaft und Kultur aus der monotheistischen Religion des Judentums abgeleitet wurde. Im Neuen Testament der Christen wurde keine Vorschrift aus dem Alten Testament ausdrücklich widerrufen. Männliche Führer des patriarchalischen Systems befestigten damit ihre Stellung und Autorität unter Berufung auf Gott.«

»Griseldis du eröffnest hier eine völlig neue Dimension der Betrachtung«, sagte Quirin. »Mir ist bisher niemand begegnet, der die Sequenzen zu einem bestimmten Thema, so kurz und knapp auflistete. Das Bild, das sich daraus ableitet, verblüfft mich einigermaßen.«

»Ich bin beeindruckt Quirin«, sagte Griseldis. »Du knüpfst sehr schnell die Fäden zusammen, die ein Bild ergeben. Betrachte die historische Entwicklung des Christentums. Ich habe den Eindruck, dass die Kirchen mit der einen Hand die Sünde erfanden, um mit der anderen Hand die Vergebung gegen Bezahlung anzubieten. Sie erklärten Sexualität, einschließlich Homosexualität zur Sünde, - nicht Gott.«

65 Moral außerhalb der westlichen Kultur.

»Was berichten Forscher und Abenteurer, die zu zivilisationsfernen Naturvölkern vorgedrungen sind? Obwohl sie nie Kontakt zu unserer Kultur, Moralvorstellung, Religion oder Weltanschauung hatten, lebten sie gemäß ihrer Tradition in friedlicher Gemeinschaft. Sie achteten hohe moralische Werte, praktizierten Gemeinsinn. Die Frauen hatten Ansehen. Verheiratete Frauen wurden nicht respektlos behandelt. Die Regeln für ein friedliches Miteinander funktionierten. Wer sie missachtete, wurde von der Dorfgemeinschaft zur Rechenschaft gezogen. Die Menschen lebten in Harmonie mit der Natur. Sie fühlten sich von ihren Göttern beschützt.

In der christlichen Lehre gibt es absolut nichts Neues. Alle Lehren und Dogmen findet man bereits im Judentum, Hellenismus, in der indischen Geisterwelt oder in altägyptischen Kulten. Ihr findet die Lehre der Trinität, den Erlösungsgedanken durch die Messias-Idee, die Erwartung eines nahen Endes, Gottessöhne, die vom Himmel kommen und entweder Gutes oder Böses anrichten, die Jungfrauengeburt, die Erzählungen zu den vielen Wundern.

Die christliche Ideologie wurde von Anfang an mit kriegerischen Mitteln verbreitet. Verschiedene Glaubensrichtungen haben sich gegenseitig bekämpft, verfolgt, getötet und gleichzeitig von Liebe gepredigt. Durch die Behauptung, die einzige göttliche Erleuchtung zu besitzen, entstand religiöser Fanatismus. Das ist nicht mit leidenschaftlichem Eintreten für einen Glauben oder eine Überzeugung zu verwechseln. Leidenschaftliches Eintreten für eine Überzeugung setzt nicht voraus, dass andere die Meinung oder Leidenschaft übernehmen müssen. Eine Meinung kann sich ändern. Fanatismus, der auf Fundamentalismus basiert nicht. Die Geschichte lehrt uns, dass religiöser Fundamentalismus im Machtstreben der Gründer wurzelt.«

»Dann wird es höchste Zeit zu hinterfragen, wie Legenden entstehen. Wer erhebt sie zu Glaubensdogmen und mit welchen Absichten? Welche Ziele verfolgt man mit Dogmen als allgemeingültige Norm? Wenn selbst die Interpunktion einer Schrift so verändert wird, dass eine bestimme Lehrmeinung damit zu beweisen ist, gibt es Gründe dafür«, warf Gotthilf ein.

»Sehr gut!«, lobte Griseldis. »Lasst uns einige Beispiele genauer untersuchen.

Die Moralvorstellungen der Menschen entwickelten sich parallel zu dem Wissen auf allen Gebieten der Forschung weiter. Zwangsläufig verändert sich damit die Einstellung zu Sex und Ehe. Erzwungener Sex und Gewalt in der Ehe sind nicht mehr akzeptabel. Die Freiheit zu wählen, mit wem man eine Verbindung aus Liebe eingehen möchte, wurde ein Menschenrecht. Das schließt die Entscheidung für eine gleichgeschlechtliche Ehe ein.

Der Anspruch, die angeblich biblische Ehe verteidigen zu müssen, kann nicht mit der Berufung auf Bibeltreue oder gar dem Willen Gottes erhoben werden. Der Fundamentalist ist immun gegen Veränderung. Es geht nicht um die Bibel. Der Status quo wird verteidigt: die archaische Hierarchie mit einem heterosexuellen Mann an der Spitze.

Der Wandel in unserer Zeit ist unumkehrbar. Die Ehe für alle, ist die neue Normalität. Daran können auch angeblich Bibeltreue nicht mehr rütteln.

Dieses Prinzip gilt ebenso für die dritte monotheistische Glaubenslehre, den Islam, der sich auf Abraham als Stammvater beruft. Auch hier kann eine Entwicklung zum Weltfrieden nur positiv gelingen, wenn der Fundamentalismus aufgebrochen, und eine Wandlung vollzogen wird. Der Fortschritt im Wissen des einundzwanzigsten Jahrhunderts muss berücksichtigt werden.

Menschen, die sich dafür interessieren, wie die Welt und unsere Realität positiv zu verändern ist, sind neugierig auf fremde Kulturen, Religionen oder Ethnien. Sie können die Perspektive ihrer Betrachtung verändern. Sie akzeptieren, dass alle Menschen gleichberechtigt sind, egal welcher Ethnie, Nationalität, sozialer Herkunft sie entstammen. Im Geist der Menschenliebe sehen sie den Hausmeister ebenso respektvoll wie den erfolgreichen Geschäftsmann oder Wissenschaftler. Das ist die Eigenschaft, die in der Lage ist aufmerksam zuzuhören. Sie hören nicht nur das was andere preisgeben, sondern auch das, was ihr innerstes Gefühl sagt«.

»Griseldis, du hast dich gerade sehr gut beschrieben«, schaltete sich Sophia ein. »Klara hatte den Mut, einen Selbstmord zu versuchen. Ich habe immer nur darüber nachgedacht. Du hast mir zum ersten Mal so zugehört, dass ich mich wahrgenommen fühlte. Du hast mich nicht verurteilt. Du hast mir das Gefühl gegeben, dass ich vielleicht auch gut genug bin, beachtet zu werden. Als Mensch wert oder würdig zu sein, zu leben«. Sophia hielt inne, denn ihr kamen die Tränen, während die anderen zustimmend nickten.

Einen Moment stockte Griseldis bei dem unerwarteten Lob. Dann sagte sie: »Es freut mich sehr, dass ihr mich verstanden habt. Ich kann euch das Lob nur zurückgeben. Ihr seid mutig, weil ihr für neue Gedanken offen wart. Ihr habt die Bedrohung durch die Angstbilder aus der Vergangenheit abgeschüttelt.

Ebenso das Gottesbild hinterfragt, welches alles Handeln und Denken sofort bewertet und Normabweichung mit Strafe bedroht. Ihr seid dabei eure eigene Würde zu entdecken und zu verteidigen.

66 Anomie und die Folgen.

Wir Psychologen kennen den Fachbegriff Anomie. Er beschreibt ein Verhalten, das bei Menschen zu beobachten ist, deren soziale Strukturen zusammengebrochen sind. Das ist euch passiert. Ihr habt eine starke innere Verwirrung erlebt. Auch das Verlassen sozialer Normen und moralischer Leitlinien ist nach einer totalen Entwurzelung keine Ausnahme. Klara schilderte uns ihre Sorgen um Peter. Oft werden solche radikalen Veränderungen von physischen oder psychischen Erkrankungen begleitet und als Ausdruck der höchsten Verzweiflung steht am Ende der Suizid.

Ihr befindet euch auf dem Weg zu einem neuen Weltbild. Er wird das kranke, absolutistische Gottesbild, in ein gesundes Wertemuster verändern. Ich fühle, dass wir das gemeinsam erarbeiten können. Ihr seid bereit dafür. Lasst uns Gedanken mit Worten oder Metaphern auszudrücken, die uns vertraut sind. Wir wollen den modernen Trend ignorieren, der die Suche nach Gott belächelt. Stellt euch vor, ihr seid mit dem gesamten universellen Wissen verbunden. Ihr habt die Freiheit, eure Gefühle Religion, Spiritualität, die Suche nach Gott oder Glauben zu benennen.

Die Weltgeschichte beschreibt uns Menschen, in allen Äonen der Zeit, als Suchende. Das Ergebnis ihrer Erkenntnisse gaben sie weiter. Wir alle lernen durch Beobachtung und Erfahrung. Wie die kleinen Kinder. Was sich als nützlich, hilfreich, angenehm erwiesen hat, übernehmen wir, ahmen es nach und geben es weiter.

67 Die Suche nach Gott.

Im 6. Jahrhundert vor Christus nannte der Philosoph Heraklit das, was sich zeigt LOGOS oder das Wort. Das, was sich nicht zeigt, oder versteckt, was er nicht erklären konnte, nannte er GOTT. So bekommen bis auf den heutigen Tag neue Beobachtungen und Bilder von denen, die sie entdecken, Namen. Mit diesen Namen verbindet sich eine Bedeutung. Wenn ein neuer Stern im Weltall entdeckt wird, kann er eine Nummer bekommen oder einen Namen. Was glaubt ihr, ist leichter zuzuordnen? Inseln im Meer, unbekannte Tiere, Pflanzen, Mikroben, Berge, Orte - ein Eigenname gibt Identität. Wer in Kanada die Bedeutung der Ortsnamen hinterfragt, wird sich vorstellen können wie die Ureinwohner Umstände oder Erlebnisse damit beschrieben haben.

Ihr könnt Euch ein Bild vom »Ort der guten Gesundheit«, dem Ort »Quelle der Nahrung«, »Frische Wasser«, »Donnernde Wasser«, »Wo der Sonnenschein zu Hause ist« oder ein Ort, der wegen seines reichen Nahrungsangebotes »Garten des großen Geistes« genannt wurde, machen.

Meister Eckart, ein großer Mystiker lehrte die Beziehung zwischen Gottes- und Seelenerfahrung. Er schreibt, dass ein Mensch nur mit dem Auge des Herzens Gott in sich selbst schauen kann.

Dieses überlieferte Wissen greifen die großen Psychologen des 20. Jahrhunderts auf und sprechen vom »unbewussten Gott«. Zum Beispiel sagt Viktor Frankl, dass selbst Menschen die sich Atheisten nennen, in ihren Träumen eine unbewusste Religiosität erkennen lassen. Frankl spricht von der "Unbewussten Religiosität" und der Entdeckung der „unbewussten Geistigkeit" des Menschen im Gegensatz zum triebhaft Unbewussten. Diese Gläubigkeit zeigt sich oft auch in einer latent bleibenden Beziehung zum Transzendenten. Der unbewusste Gott, der gleichsam im Verborgenen wirkt, ist nicht mit einer pantheistischen Gottesvorstellung zu verwechseln. Religiosität gehört demnach zu den persönlichsten Entscheidungen des Menschen.

Echte Religiosität hat nicht Triebcharakter, sondern Entscheidungscharakter. Sie steht und fällt mit ihrem Entscheidungscharakter. Wir Menschen haben nach Viktor Frankl die Verantwortung, zu entscheiden, wie wir handeln wollen. Die Veranlagung zum Guten oder Bösen haben wir alle. Das beschreibt schon der Schweizer Psychologe C.G. Jung. Ich zitiere aus einem Bericht von Dr. med. Klaus Mohr, in der Zeitschrift Reform Rundschau vom Mai 2007, auszugsweise:

Carl Gustav Jung (1875 bis 1961), der hervorragende Seelenarzt und Erforscher des Unbewussten, Professor für Psychiatrie an den Universitäten von Zürich und Basel, schrieb schon in der Mitte des 20. Jahrhunderts: „Der Mensch glaubt zwar, er sei Herr über seine Seele. Aber so lange er unfähig ist, seine Stimmungen und Emotionen zu beherrschen, und so lange er nicht erkennt, dass sich unbewusste Faktoren auf unzähligen, geheimen Wegen in seine Entscheidungen hineindrängen, solange ist er ganz sicher nicht Herr seiner selbst. Diese unbewussten Faktoren verdanken ihre Existenz der Autonomie von Archetypen. Der moderne Mensch schützt sich systematisch davor, seinen eigenen zwiespältigen Zustand sehen zu müssen. Bestimmte Bezirke des äußeren Lebens und seines eigenen Verhaltens werden gleichsam in getrennten Schubladen aufbewahrt und nie miteinander zusammengebracht.»

68 Die Archetypen.

Die Lehre von den Archetypen bildet einen interessanten Beitrag zum Verstehen seelischer Reifungsprozesse, zum besseren Selbst-Verständnis und zum Verstehen Anderer. Archetypen sind schematisierte Modelle des ursprünglichen Verhaltens der Menschen. C. G. Jung lehrte, dass diese Archetypen im Unbewussten aller Menschen (dem "kollektiven Unbewussten«) angelegt sind - und unbewusst das Verhalten mitbestimmen. Wenn sie bewusst erkannt werden, können innere und äußere Konflikte besser gelöst werden. So kann sinnvolleres, friedlicheres Verhalten entstehen. Das Erkennen von Archetypen hilft bei der Psychotherapie (so auch der seelischen Selbstheilung). Wenn wir unseren Schatten (die dunkle Seite unseres Wesens) sehen könnten, wären wir immun gegen jede moralische und geistige Anfechtung.

Es gibt eine schöne Geschichte von einem alten Indianer, der seinem Enkel eine wichtige Lektion erteilt: Er erzählt ihm, dass in seiner Brust zwei Wölfe wohnen. Einer ist der Wolf der Dunkelheit, der Verzweiflung, der Angst, des Misstrauens. Der andere Wolf ist Licht, Liebe, Lebensfreude, Mitgefühl. Beide kämpfen oft miteinander.

»Welcher von beiden wird gewinnen?«, fragt der Enkel. »Der, den ich füttere«, antwortet der Großvater.

In dieser Erzählung steckt drin, was Frankl sagen möchte: Füttert die Eigenschaften, - oder wissenschaftlich ausgedrückt, die Archetypen - die zu eurem Typ passen.

Auch C.G. Jung hat in seinem langen Forscherleben erkannt, dass Religiosität für den Menschen keine anthropologische Nebensache ist. Ob er das wahrhaben will oder nicht. Jung hielt es für eine erwiesene Tatsache, dass es eine unzerstörbare Verbindung zwischen der Seele des Menschen und Gott gibt. Jung erkannte, dass das unbewusste Wissen keine Grenzen kennt. Es ist offen zur Transzendenz. Damit ist es im Stande Informationen aus dem unsichtbaren Bereich zu empfangen. Wir können es ruhig die göttliche Weisheit, die Kraft Gottes,

Gottes Liebe, göttlichen Frieden oder welche Metapher wir auch immer dafür wählen wollen, nennen. Wichtig ist die Erkenntnis, dass wir über diese Verbindung eine innere Kraftquelle haben. Diese gilt es, zu erschließen. Dann können wir uns im universellen Ganzen geborgen fühlen. Wir ruhen in Gott wie ein Tropfen Wasser im Meer, der alle Informationen seiner Umgebung gespeichert hat.

Ich ermutige euch heute, über diesen Aspekt der Religionsfindung nachzudenken. Zum Abschluss eurer Therapie starten wir ein Experiment, um herauszufinden, ob das auch heute noch funktioniert. Wir denken uns eine Theorie aus, dann stellen wir entsprechende Versuche an, um herauszufinden, ob sie sich als wahr oder falsch erweist.«

»Du meinst, das wird ein wissenschaftliches Experiment zur Gründung einer Religion?«, fragte Quirin lachend.

»Ja, so ähnlich« bestätigte Griseldis. »Doch für heute habt ihr genug Stoff zum Aufarbeiten. Nützt ihn gut. Ihr seid auf einem sehr guten Weg.«

69 Das Experiment der Zeitreise

Stellt euch vor, eure Kinder und Enkel sind auf eure Erfahrung angewiesen. Sie stellen euch Fragen zu Naturphänomenen. Wie neugierige Kinder das eben so machen. Sie fragen uns ein Loch in den Bauch, sagt der Volksmund. Denkt euch aus, was ihr ihnen antworten würdet.

Ich bin gespannt auf unsere Seminartage. Sie sollen euch Informationen geben, die eine Hilfe zur Selbsthilfe sind. Sie zeigen viele Hintergründe und Zusammenhänge, die aus dem unbewussten Wissen entstehen und uns alle in einer bestimmten Weise verbinden.

In unserem Experiment wird jeder von euch in seiner Fantasie eine Zeitreise machen. Versetzt euch Jahrtausende zurück. Es gibt kein Internet, keine Flugzeuge, Eisenbahnen, Autos, Hochhäuser. Ihr lebt mit der Natur, beobachtet sie und versucht zu erklären, was geschieht. Am Ende eurer Therapie wollen wir die Ergebnisse der Zeitreise zusammenfassen. Ich schlage vor, jeder von euch versetzt sich gedanklich in einen anderen Erdteil. So kommt ihr zu ganz unterschiedlichen Beobachtungen.

Gotthilf, was hältst du davon, in das Gebiet der Anden zu reisen? Stell dir vor, du bist den Sternen ganz nahe und den Unbilden der Witterung ausgeliefert. Welche Gottheiten, würden dir begegnen?« »Oh ja, das könnte sehr interessant sein«, stimmte Gotthilf sofort diesem Vorschlag zu.

»Sophia«, wandte sich Griseldis an die Mutter »Du bist temperamentvoll und streitbar. Kannst du dir vorstellen, im afrikanischen Busch für deinen Nachwuchs zu sorgen?« »Kann ich«, sagte Sophia sofort lachend. »Das ist keine schlechte Idee«.

»Du, Maria, bist bestimmt neugierig, wie es die Inuit geschafft haben, ihr Überleben zu sichern, und wie sie sich die Naturphänomene erklärten.« »Woher hast du gewusst, dass ich mir gerade vorstellte, genau dorthin zu reisen?«, antwortete Maria überrascht. »Ich habe es nicht gewusst, aber ich dachte, das könnte für dich eine spannende Geschichte sein.«

»Quirin möchte ich gerne in die Türkei reisen lassen. Denke dich in die Zeit der Wüstenväter zurück. Dort begegnest du historischen Städten, wie zum Beispiel Hirapolis in der Philippus mit seinen Töchtern lebte. Ich bin sehr gespannt, welche Phänomene dir begegnen werden. Bist du damit einverstanden?« »Ja, gerne«, antwortete er bereitwillig.

»Dann wollen wir noch Klara auf die Reise schicken. Du hast das Bedürfnis zu glauben und suchst die Verbindung zum universellen Wissen. Kannst du dir eine Reise nach Italien vorstellen?« »Ich versuche es«, sagte Klara etwas zögerlich.

»Sehr gut!«, lobte Griseldis. »Das Ergebnis dieses Experimentes wird euch vermutlich überraschen. Es ist großartig, dass ihr dazu bereit seid. Nehmt euch die Zeit, und lasst eurer Phantasie viel Spielraum.«

Damit entließ Griseldis die Gruppe mit dem guten Gefühl, dass es ihr gelungen ist, eine Neuorientierung anzustoßen. Erleichtert blieb sie zurück. Wenn es so funktioniert, wie ich mir das vorstelle, wird es den Durchbruch zum Perspektivwechsel bringen, dachte sie.

In zahlreichen Gespräche mit ihren Fachkollegen gewann sie Dr. Lukas für ihre Idee. Sie schlug dem Chefarzt vor, bei den regelmäßigen Veranstaltungen zur Erwachsenenbildung an ihrem Haus, die Folgen der ekklesiogen oder kultbedingten, psychischen Störungen zu erklären. Trotz anfänglicher Bedenken stimmte die Klinikleitung zu. Es war nicht zu leugnen, dass relativ häufig Patienten die aus destruktiven Psychogruppen ausgestiegen sind, ober einen Ausstieg nicht schafften, um Hilfe baten.

Griseldis konnte wichtige Voraussetzungen für das Gelingen der Therapie schaffen. Die Gruppe vertraute ihr. Sie beteiligten sich bereitwillig an Versuchen. Die Kommunikation verlief konstruktiv und respektvoll. Die Teilnehmer hatten verstanden, dass abwertende Kommentare destruktiv sind. Ein wohltuendes, respektvolles Miteinander prägte die Gruppenarbeit.

Griseldis war mit dem Ergebnis ihrer bisherigen Arbeit zufrieden. Der nächste Schritt muss einfach gelingen, dachte sie. Sobald sie ihre persönlichen Erfahrungen positiv bewerten lernen, sind sie in der Lage, ihre eigene, selbstbestimmte Kompetenz zu erkennen und zu leben. Sie hoffte, mit dem Angebot der Fachvorträge die Phase der kognitiven Reorganisation bei den Teilnehmern einleiten zu können. Das bedeutet, die negativen Erlebnisse der Vergangenheit in eine positive Zukunft zu transformieren.

Der erste Vortrag, der in der Vortragsreihe angeboten wurde, hatte das Thema der krankmachenden Religion.

70 Der ungesunde Glaube

Eine anerkannte Professorin referierte dazu. Die Fachärztin für psychotherapeutische Medizin arbeitet als Psychoanalytikerin speziell mit traumatisierten Menschen.

»Traumatische Ereignisse sind vielfältig und werden von den Menschen sehr unterschiedlich erlebt und verarbeitet«, erklärte sie den Zuhörern. »Naturkatastrophen, Krankheiten, Todesfälle, Kriegserlebnisse lösen einen Schock aus und versetzen die Betroffenen in einen emotionalen Ausnahmezustand. Die Folgen sind relativ gut erforscht und therapierbar.

Formen der Traumatisierung, denen kaum Beachtung geschenkt werden, geschehen in destruktiven, neureligiösen Vereinigungen oder in extremistischem, religiösem oder ideologischem Umfeld.

Neuere wissenschaftliche Untersuchungen befassen sich mit geistlichem Missbrauch, einer Sonderform von seelischem Missbrauch. Er geschieht im kirchlichen Umfeld und mit frommer Tarnung. Häufig im Namen Gottes, der Liebe und der Wahrheit. Deutlich wird das im Rollenverständnis zwischen

Mann und Frau innerhalb destruktiver Gemeinschaften. Eine Diktatur der Männer über die Frauen wird in einem positiven Sexismus verpackt. Die Tarnung ist erst nach genauer Betrachtung zu erkennen. Männer beschreiben die Frauen anscheinend wohlwollend als reine Wesen, die sie beschützen und bewundern. Damit begründen sie ihre Forderung nach Liebe. Mit dem notwendigen Schutz des Mannes wird die Schwäche der Frau impliziert, die sie in die Beschränkung der überkommenen Geschlechterrolle drängt. Der wohlwollende Sexismus bildet den Gegenpol zum feindlichen Sexismus. Die Angst davor zwingt die Frauen ihre gesellschaftlich niedrigere Stellung zu akzeptieren. Sie geraten häufig unter extremen psychischen Druck.

Die entstehenden Schäden stehen denen anderer Missbrauchsformen in nichts nach. Sie führen nicht selten zu einem pervertierten Gottesbild und somit zu einer tiefen Verunsicherung. Geistlicher Missbrauch passiert in Bibelschulen, Missionswerken, christlichen Schulen oder Gemeinden jeder Sekten-Denomination.

Ausgerechnet dort wo sich Menschen hinwenden, die Hilfe, Unterstützung oder geistliche Stärkung brauchen, werden die Meinungen, Gefühle und Bedürfnisse missachtet. Autoritätspersonen überschreiten ihre Grenzen. Da sie systemkonform handeln, ist den Tätern das Ausmaß ihres schädigenden Verhaltens selten bewusst. Die missbräuchliche Ausübung der Macht zerstört die Seelenkraft des Opfers.

Der Schaden ist immens. Es ist nicht relevant, welchem Zweck der Missbrauch dient. Das kann körperlicher, emotionaler, sexueller oder geistlicher Schaden sein. Auch die Kombination davon ist häufig zu beobachten. Grundsätzlich geht es darum Macht oder Autorität einzusetzen, um Einzelne oder eine Gruppe zu kontrollieren, zu beherrschen, zu manipulieren.

Extrem schädlich wirkt sich der Missbrauch aus, wenn ein heiliges Vertrauensverhältnis verraten wird. In einem solchen Fall wird das Opfer nicht nur körperlich oder emotional geschädigt, es erlebt auch einen echten Verrat.

Die ultimative Tragödie ist der Missbrauch durch die Eltern oder durch geistliche Leiter. Für die Opfer wird es schwierig bis unmöglich, Gott zu vertrauen, da sowohl Eltern als auch geistliche Leiter als Repräsentanten Gottes gelten. Zwangsläufig entstehen entstellte Bilder von Liebe und ein verkehrtes Verständnis von Gott. Die Assoziation ist Ablehnung und Schmerz, Macht und Angst, Manipulation und Enge.

Der erlebte Machtmissbrauch durch geistliche Führer wird auf Gott übertragen, in dessen Namen gemobbt oder gedemütigt wurde. Zu oft sind die Opfer mit ihren Erlebnissen allein gelassen. Sie vermögen nicht, über ihre Gefühle und Erfahrungen zu sprechen. Sie fürchten das Unverständnis und die Verurteilung. Schließlich entwickeln sie psychische Auffälligkeiten.

Die Psyche ist ein Element des psychosomatischen Gesamtnetzwerkes. Es besteht aus der genetisch vermittelten Zell-zu-Zell Kommunikation, dem Immunsystem, dem Hormonsystem und dem psychischen System, welches die Realität erschließt. Es ist multimedial. Es erfasst hören, riechen, schmecken. Es ist kreativ. Es ist selektiv, indem es unwichtige Informationen ausblendet. Es ist adaptiv. Es steuert die Anpassung auch an destruktive Beziehungen. Das führt dazu, dass Unnormales als Normalität empfunden wird.

Die Psyche registriert den Druck und die Gewalt. Sie speichert die Erfahrung des Schmerzes. Sie benennt allerdings weder den Grund noch den Auslöser. Dem Täter gelingt es, dem Opfer die Schuld an dem zuzuweisen, was ihm angetan wurde. Täter beschimpfen ihre Opfer als dumm, faul, ungehorsam, ungläubig, sündig usw. Das Opfer fühlt sich verantwortlich für seinen Schmerz und glaubt ihn verdient zu haben.

Das Opfer sieht sich mit den Augen des Täters. Es gibt keinen Unterschied zwischen körperlicher Gewalt oder Missbrauch und religiösem Missbrauch. Aufrichtig Gläubigen, die unter großem Leidensdruck stehen, erscheint es plausibel, dass sie selbst versagt haben, wenn sie ihren Glauben nicht beglückend erleben. Diese Haltung wird zu einer Schraube ohne Ende. Sie verstärkt Depression und das Gefühl der Wertlosigkeit, mit der Überzeugung zu wenig Einsatz, Glauben, Gottesdienst und so weiter, geleistet zu haben. Neben echten psychischen Leiden können psychosomatische Störungen begleitend auftreten.

Herz-, Kreislauf-, Magen- und Darmerkrankungen sind dokumentiert.

Eine ausweglose Situation, ergibt sich aus der Überzeugung des Opfers, dass der Täter derjenige ist, der Schutz gibt. Bei Kindern ist es offensichtlich. Die soziale Bindung zu den Eltern gibt Sicherheit, Schutz, Hoffnung, Lebensanleitung. Missbrauch im familiären Umfeld hinterlässt lebenslang Spuren.

Erwachsene in destruktiven Gruppen empfinden den Druck, durchschauen aber die Zusammenhänge infolge ihrer Konditionierung nicht. Ihre Angst findet keinen Ausweg. Sie erkennen den Täter nicht, sondern sehen nur den Schutzgeber. Die „liebevolle Bruderschaft", die „Organisation, unsere nährende Mutter", der „Treue und verständige Sklave" der „unter der Leitung des Geistes" handelt, sind positiv besetzte Phrasen, die gegen kritisches Denken immunisieren.

Das autonome Nervensystem hält die Spannung nur begrenzt aus. Wenn der Punkt der Unerträglichkeit erreicht ist, kommt es zur Dissoziation. Eine innere Spaltung der Persönlichkeit. Das Erlebte kann verleugnet und verdrängt werden.

Traumatische Ereignisse führen dazu, dass das psychische System zerfällt. Damit werden Körper und Psyche zwei Seiten der gleichen Medaille. Sie passen nicht mehr zusammen. Die Kommunikation funktioniert nicht mehr. Die Betroffenen können die Signale aus dem "Bauchgefühl" nicht mehr deuten.

Missbrauchstäter handeln abwechselnd mit Belohnung oder Gewalt. Um Gewalt und Schmerz zu entgehen, versucht das Opfer die Sozialisation mit dem Täter. Bekannt ist das *Stockholm Syndrom*. Im Falle familiärer Gewalt übernehmen die Kinder Funktionen, die den Eltern zukommen. Sie verabreichen Medizin, kochen, putzen usw.

Traumatherapeuten erleben, dass sich Opfer von Gewalt an die unmittelbar vorausgehenden Ereignisse nicht mehr erinnern können. Wenn sie leugnen, dass die gute Bezugsperson (Vater als Beispiel) Täter ist, verdrängen und verleugnen sie die Misshandlung.

Die enge Bindung zu religiösen Gruppen erklärte die Referentin mit der Sehnsucht nach Schutz und dem Urbedürfnis des Menschen, Halt im transzendenten Bereich zu suchen.

Der Gläubige denkt, nur in dieser unauflösbaren Bindung werden seine Bedürfnisse befriedigt: Heimat, soziale Kontakte, Sicherheit, sinnstiftendes Handeln, ewiges Leben in einem Paradies. Er sieht keinen anderen Ausweg. Wer allerdings die unbewussten Vorgänge und Zusammenhänge versteht, findet Wege aus dem Zwang durch Stärkung der eigenen Kompetenz. Hilfreich sind alternative soziale Bindungen. Die Hilfe von Außenstehenden wird nötig. Hilfreiche Beziehungen sind das Bindeglied zwischen Psychologie und Neurobiologie«, schloss die Referentin ihre hochinteressanten Ausführungen.

Die Anwesenden hatten konzentriert und aufmerksam gelauscht. Ihre Dankbarkeit für die wertvollen Informationen zeigten sie mit kräftigem Beifall.

Ein Merkblatt mit praktischen Tipps, wie man aus den Fängen destruktiver Beziehungen entkommen kann, von Jacob Wiebe, wurde gerne angenommen.

Er schreibt zum Thema geistlicher Missbrauch:

"Wenn ungesunder Druck in Gemeinden und Kirchen Menschen derart belastet, dass sie krank davon werden, handelt es sich oft um falsch eingesetzte Macht leitender Personen. ... Die entstehenden Schäden stehen denen anderer Missbrauchsformen in nichts nach, führen sie doch zu einem pervertierten Gottesbild und somit zu einer tiefen Verunsicherung.

1. **Verlassen sie so schnell wie möglich das missbrauchende System.** Der Versuch treu zu sein oder die Gemeinde zu retten, wird ihnen unnötige Schmerzen verursachen. Sie werden damit scheitern.

2. **Grenzen sie sich räumlich und innerlich gegenüber den Menschen ab, die sie missbrauchen.** Solange sie einer geistlichen Autorität gegenüber loyal ergeben sind, funktioniert der Missbrauch. Kündigen sie die Freundschaft auf. Entziehen Sie sich dem Zugriff innerlich, und unbedingt auch räumlich.

3. **Lassen Sie sich Zeit und verarbeiten sie das erlebte Trauma.** Unterschätzen Sie nicht, wie tief das Trauma des geistlichen Missbrauchs sitzt! Achten Sie darauf, dass sie nicht vom Regen in die Traufe geraten, indem sie sich zu schnell einer neuen Gemeinde anschließen. Akzeptieren Sie therapeutische Hilfe.

4. **Stellen Sie sich der Realität.** Nehmen Sie einen Perspektivwechsel in der Bewertung gegenüber Autoritätspersonen, der Kirche, den Glaubensgrundsätzen und Gott vor. Sie haben einen seelischen Totalschaden erlitten. Vieles liegt in Scherben. Es ist gut, das zunächst zu akzeptieren. Suchen Sie nach Angeboten in Büchern, Seminaren oder Selbsthilfegruppen, die Sie dabei begleiten können.

5. **Versöhnen Sie sich mit Ihrer Biografie.** Ihre Erfahrung ist ein Teil Ihres Lebens. Nehmen Sie die positiven Lektionen daraus. Lassen Sie auch eine unerwünschte Erinnerung zu. Dann können sie das dunkle Kapitel Ihrer Geschichte verarbeiten. Sie werden dann nicht mehr entsprechend Ihren verwundeten Gefühlen reagieren. Akzeptieren Sie die Narben, den vergangenen Schmerz, die tiefe Enttäuschung. Erleben Sie, dass Sie gestärkt daraus hervorgehen können. Sie sind sicher durch die Zeit getragen. Das kann nur bedeuten, dass Sie ur-geliebt sind."

Lernen Sie die Lektion, die Ihnen die Natur gibt. Sie verwandelt jeden Mist in Humus, auf dem etwas Gutes wachsen kann. Sie verhält sich gemäß den Gesetzen der Natur.

Nach dem Vortrag standen noch lange Gruppen in angeregten Gesprächen zusammen.

71 Reflexion und Ausblick

Dr. Redlich bereitete das nächste Treffen der Gruppe vor. Plötzlich kam ihr der Gedanke, dass alles, was sie an negativen Auswirkungen auf die Seele der Teilnehmer ans Licht brachte, auch auf ihre eigene Biographie zutraf.

Sie lebte nicht in einer religiös aktiven Familie. Doch sie wuchs in einer Familiendiktatur auf, die sektenähnliche Strukturen hatte. Ihr Vater forderte despotisch absoluten Gehorsam von seiner Frau, von Griseldis und den vier Geschwistern. Die Mutter zerbrach daran. Sie wurde Alkoholikerin. Die Familie erlebte nahezu täglich brutale Gewaltausbrüche des Vaters. Angst war ihr allgegenwärtiger Begleiter. Sie kannten keine persönliche Sicherheit. Der Vater fand immer einen Grund, zu bestrafen. Griseldis verdrängte die Erinnerungen an die sadistischen Grausamkeiten. Die Geschwister empfanden es erlösend, als sie vom Jugendamt nach dem Selbstmord der Mutter in Pflegefamilien vermittelt wurden. Griseldis wurde von ihren Pflegeeltern adoptiert und bekam die Möglichkeit zu studieren. Habe ich meine Vergangenheit bewältigt?, überlegte sie. Wie viele meiner überschüssigen Kilos sind wohl Kummerspeck?

Seufzend zwang sie sich, ihre Gedanken auf die gegenwärtige Arbeit zu konzentrieren.

Sie wollte einzelne Punkte aus dem Merkblatt besprechen. Darum stellte sie zu Beginn der Gruppensitzung die Frage: »Mich interessiert wie ihr Punkt 4 bearbeiten wollt. Wie könnt ihr euch der Realität stellen? Was ist eure Meinung, wie verändert ihr die Perspektive der Betrachtung?«

72 Maria erkennt ihre geheimen Wünsche

»Also ich kann jetzt sagen, dass ich beim Betrachten meiner Realität nicht stolz bin«, begann Maria. Sie hielt den Kopf gesenkt und die Hände verschränkt. Das passte nicht zu ihrer Art der lebhaften Gestik und oft aufgesetzt wirkenden Fröhlichkeit. »Ich denke, es war für die Scientologen leicht, mich zu ködern. Sie weckten durch ihre Versprechungen meine Habgier und appellierten an meine geheimen Wünsche nach Größe, Ruhm und Reichtum. Weil ich das haben wollte, vertraute ich den Versprechungen blind. Ich wollte einfach glauben, dass sie die Wahrheit sagen. Nachdem ich diesem Alptraum entronnen war, wollte ich mein ursprüngliches, ganz normales Leben wieder zurückhaben. Das funktioniert nicht mehr. Ich hatte mich verändert und ich verstand die Welt nicht mehr. In meinem Umfeld stieß ich auf Unverständnis. Ich fühle mich hilflos und entsetzlich einsam. Das ist meine momentane Realität.«

»Du bist mutig, Maria«, lobte Griseldis. »Danke für deine offene und klare Bewertung, deiner Beweggründe. Bestimmt sind ähnliche, verständliche Wünsche, die Quellen der Heilsverkünder, aus denen sie ihren persönlichen Reichtum mehren. Du bist nicht allein. Immerhin hast du die Kraft und den Mut, deine Erfahrung zu verarbeiten und du akzeptierst therapeutische Hilfe.«

73 Sophia hatte keine Wahl.

»Auf meine Situation kann das nicht zutreffen«, warf Sophia ein. »Ich hatte als Kind keine Möglichkeit, über meine persönlichen Bedürfnisse oder Beweggründe nachzudenken. Kinder haben keine Dialogfähigkeit in diesem Sinn, was aber nach meiner Meinung die wichtigste Voraussetzung für die Fähigkeit zur Auseinandersetzung, Stellungnahme, Entscheidungsfähigkeit ist. Zur Selbstbestimmung gehört Kompetenz. Die konnte ich nicht entwickeln. Mir wurde nie erlaubt, mündig zu werden.«

»Du sprichst ein wirkliches Problem an«, stimmte Griseldis zu.

»Kinder in destruktiven Beziehungen nehmen in ihrer Seele Schaden. Unter drei Jahren entwickeln sie ohne liebevolle Zuwendung kein Selbstwertgefühl. Sie können später ihre Gefühle nicht reflektieren. In ihrem Unterbewusstsein entstehen falsche Bilder zu Beziehungsmustern. Das können Hass oder extreme Ängste sein.

Die Unbeugsamkeit eines diktatorischen Kollektivs hütet den Status quo vor allem mit seinen beschränkten Sittlichkeitsregeln. Sie sagen: Benimm dich; fall nicht auf; sei bescheiden; passe dich an, denk nicht so viel; komm bloß nicht auf die Idee, aus der Reihe zu tanzen, sei lieb und sag ja, auch wenn es weh tut und du schon fast an dem Wort erstickst.

Schließlich ist es für das Kind besser, geschlagen zu werden, als überhaupt keine Zuwendung oder Aufmerksamkeit zu bekommen. Einem derartig lieblosen Wertesystem zu folgen, führt zu extremer Zerrissenheit im Innenleben. Darum ist es jetzt deine reale Aufgabe, dich dieser Vergangenheit zu stellen und eine konstruktive Bewertung deiner Erfahrungen vorzunehmen. Für dich gilt die Warnung ganz besonders: Schließ dich nicht zu schnell einer anderen Gruppe an. Finde den Weg zu deinem wahren ICH. Lerne, den Botschaften aus deinem unbewussten Wissen zu vertrauen. Sobald du dich kennst und liebst, begegnest du den Menschen, oder der Gruppe, die dir guttun.«

74 Klara fühlt Schuld und Verantwortung

»Diese Gedanken erschrecken und erschüttern mich«, wandte sich Klara an die Gruppe. »Mir wird bewusst, dass ich als Kind geistlichem Missbrauch ausgeliefert war. Ich wollte eine solche Ungeheuerlichkeit meinem Kind niemals antun. Ich bin entschlossen, die Anweisungen nach Punkt fünf der Merkliste in Angriff zu nehmen. Ich bin verwirrt. Ich habe keinen Plan, wie es mir gelingen kann. Ich weiß nur, dass ich es tun muss. Vor allem muss es mir gelingen, meinem Sohn das Vertrauen zu vermitteln, dass er ur-geliebt ist. Ich ahne, warum er sich selbst verloren hat.«

»Klara, du hast eine weise Entscheidung getroffen« bestätigte anerkennend Griseldis. »Sei darauf gefasst, dass es ein schmerzlicher Weg sein wird. Nimm weiter auch jede Hilfe an, die du in der Therapie bekommen kannst. Erwarte nicht, dass es schnell vorüber gehen wird«.

Mit einem tiefen Seufzer sagte Klara: »Ich bin entschlossen, alles zu tun, was in meiner Macht steht.«

75 Quirin will sein System nicht verlassen.

»Für mich bedeuten einige Punkte auf dem Merkblatt eine Herausforderung«, Quirin übernahm das Wort. »Das System verlassen, ist für mich keine Option. Wie kann ich ein Jahrtausende altes System in Frage stellen? Wohin sollte ich dann gehen ohne vom Regen in die Traufe zu gelangen?«

»Ich verstehe, was du uns sagen willst«, antwortete Griseldis. »Versuche trotzdem eine neue Perspektive der Betrachtung zu wählen. Dann kannst du beurteilen, wie sich dieses System, und deine Loyalität gegenüber dem System, auf deine Seele auswirken. Nur du selbst kannst für dich entscheiden, ob es einen Übergriff auf deine Seele - oder deine innersten Bedürfnisse und deine Persönlichkeit gab. Das System verlassen ist nur eine Option, für den Fall, dass du es für deinen Seelenkummer oder geistigen Scherbenhaufen verantwortlich machst. Versuche, diese Perspektive bei unserem Experiment zu finden«.

76 Gotthilf sucht Vergeltung.

»Ich habe das System bereits verlassen. Ich habe eine räumliche Distanz hergestellt. Ich möchte keinen Kontakt mehr zu den Anhängern meiner ehemaligen Gruppe«, sagte Gotthilf und wirkte gereizt. »Das ändert nichts an meiner Wut auf die Vertreter von diktatorischen Gemeinschaften. Sie lachen sich doch ins Fäustchen, wenn ich sang- und klanglos gehe. Wie soll ich mit der Vergangenheit Frieden schließen? Sie sind schuld an den Scherben in der Seele. Das möchte ich öffentlich an den Pranger stellen. Ich will, dass ihnen diese Macht genommen wird.«

»Für Betroffene ist es auf Dauer heilsamer, wenn sie die Opferrolle verlassen. Dann können sie ihren Anteil an dem Geschehenen bewerten und annehmen«, versuchte Griseldis vorsichtig, zu beschwichtigen.

Gotthilf begehrte auf: »Ich sehe nicht ein, warum ich mich für die bewusste Manipulation der Oberen schuldig fühlen sollte. Sie praktizieren unterschwellige Gesinnungserziehung. Sie verändern die Bedeutung von Worten in einer Weise, dass nur innerhalb der Gruppe die Drohbotschaften, der Gruppendruck und vieles mehr verstanden wird und wirksam ist«.

»Von Schuld zu sprechen ist mehrschichtig. Eine individuelle Schuld ist justiziabel, wenn es Beweise für eine kriminelle Absicht gibt«, erklärte Griseldis. »In solchen totalitären oder diktatorischen Systemen sind die Beteiligten gleichzeitig Täter und Opfer.

Darum versuche, die Perspektive deiner Betrachtung auf den Aspekt der Verantwortung zu lenken. Du bewertest deine Rolle innerhalb des Systems. Das eröffnet die Möglichkeit zu verstehen und zu vergeben.

Die eigene moralische Verantwortung für sein Tun hört niemals auf. Die Signale empfangen wir aus dem Herzen oder Bauchgefühl, wie der Volksmund sagt. Es ist gut, darauf zu achten. Das bedeutet im Rahmen deiner Möglichkeiten verantwortlich handeln. Das heißt, wir handeln eigentlich immer. Auch wenn wir nichts tun. Denn auch das ist eine Entscheidung, die wir treffen. Wir haben immer die Wahl. Entweder wir sind achtsam mit uns selbst, oder wir handeln oberflächlich, nach angeblich übersinnlichen Versprechungen.

Auf die Mahnung des unbewussten Wissens hören, heißt tiefersinnlich handeln. Dazu gehört sicher auch dein Wunsch, über erlittenes Unrecht zu reden. Die Gewalt der Diktatoren basiert auf dem Schweigen der Opfer. Solange nur die »Ermächtigten« reden und nur ihnen geglaubt wird, bleibt das

Menschenrecht Freiheit auf der Strecke. Der viel zu hohe Preis dafür, ist der Verlust der Menschenwürde des Einzelnen.

Natürlich kann jede Entscheidung die wir treffen sowohl richtig als auch falsch sein. Was sie aber in jedem Fall sein wird, ist die Chance, daraus zu lernen.

Unsere Gruppe ist ein gutes Beispiel dafür. Ihr habt Euch dafür entschieden, eine neue Perspektive zu suchen. Ihr gebt eurem Selbst die Chance, sich zu zeigen. Es gibt eine offene Türe für euch, die in die Freiheit führt. Ihr seid auf einem guten Weg.

Der nächste Referent, den wir eingeladen haben, wird bestimmt viel Neues und Wichtiges vermitteln. Er ist Psychologe und Theologe. Zwei Qualifikationen, um eure Situation zu erfassen. Sein Thema lautet:

77 Das Gold im Dunkel der Seele entdecken.

Seid gespannt, wie ihr euer persönliches Gold finden werdet.«

Die Angebote der Klinik, Fachreferenten zu den verschiedensten Themen der Psychologie und Psychotherapie einzuladen, wurde vom Publikum mit großem Interesse angenommen. So war auch an jenem Abend der Seminarraum bis auf den letzten Platz besetzt.

Der Redner leitete seinen Vortrag mit einem Zitat des Schweizer Theologen und Psychologen Carl Gustav Jung ein, der Psychotherapie ohne Seelsorge nicht für denkbar hielt:

»Man kann nichts ändern, das man nicht annimmt. Will der Arzt einem Menschen helfen, so muss er ihn in seinem So-Sein annehmen können. Er kann dies aber nur dann wirklich tun, wenn er zuvor sich selber in seinem So-Sein angenommen hat«, war Jungs Devise.

Jung bezeichnete Gott als das Göttliche im Menschen, den göttlichen Kern. Es ist die Einstellung der menschlichen Psyche gegenüber dem Göttlichen und Heiligen, die in der Tiefe jeder Seele zu finden ist. Somit ist der Mensch in seinem Innenkern absolut religiös. Wenn Probleme auftauchen, liegt es oft daran, dass der Betreffende seinen Bezug zum Religiösen verloren hat. Nicht zur Konfession, sondern zu dem unbewussten Teil in uns. Dem spirituellen Teil.

Jung entwickelte aus dieser Theorie seine berühmte Lehre vom Archetypus im kollektiven Unbewussten. Das Wort Archetyp kommt aus dem Griechischen und leitet sich von »arché« - Anfang und Typos - Schlag/Abdruck, Vorbild ab. Der Archetypus ist also das zuerst geprägte Vorbild, das Urbild.

Sie sind das Bildmaterial, das im Laufe der Evolution in der Seele der Menschen als kollektives Wissen verankert wurde. Es sind Bilder und Strukturen von Bedürfnissen, - Ur-Szenen mit denen wir schon auf die Welt kommen. Es sind Bilder und Möglichkeiten von unseren Talenten, Vorlieben, Stärken und Schwächen, die angeborenen Instinkte. Dieses kollektive Unbewusste gehört zu unserer grundsätzlichen Ausstattung. Es speist sich aus dem biologischen Erbe und aus Kultur und Umgebung über viele Generationen weitergegeben Erfahrungsschätzen.

Das ist die königliche Energie. Sie ist die absolute Autorität in uns und ist souverän. Es ist das Gold im Dunkeln unserer Seele. Dieses Gold besitzen wir alle. Wir erzeugen es nicht selbst. Wir müssen es entdecken. »Es ist Ihr Goldpotential«, sprach der Redner das Publikum nachdrücklich an. Es ist das Energiezentrum des kollektiven Unbewussten, im Dunkeln unseres Selbst verborgen. Die Talente, die uns möglicherweise ausgetrieben wurden. Wer sein Selbst durch Anpassung maskieren musste, um für die Außenwelt und Gesellschaft kompatibel zu sein, trägt das Goldpotential in einem Rucksack, als Schatten mit sich. So hat es C. G. Jung einmal beschrieben.

Nach dieser Erkenntnis, so folgerte der Redner, ist in jedem Menschen die Gesamtheit der Archetypen vorhanden. Jeder Mensch kann sowohl gut als auch böse sein. Das gehört zum Menschsein. So wie es keinen Schatten ohne Licht gibt und keinen Regenbogen, ohne Regen.

Die Parabel von einem Weisen, der von Wanderern häufig um Rat gefragt wurde, dient zur Veranschaulichung: Eines Tages kam ein aufgebrachter Mann bei ihm vorbei und klagte über die herzlosen Menschen der Stadt, die er gerade verlassen hatte. Er wollte von dem Weisen wissen, was ihn in der Stadt, in die er unterwegs war, wohl erwartete.

»Erzähle mir zuerst, was du erlebt hast«, bat der Weise. »Ich erlebte die Menschen der Stadt unduldsam, streitsüchtig, geizig, herzlos. Sie streben nach Geld und Ansehen«. »Du wirst in der anderen Stadt Ähnliches erfahren«, gab ihm der Weise Bescheid.

Nach einiger Zeit kam aus der Richtung jener anderen Stadt ein Reisender. Er wollte in die Stadt, die der vorherige aufgebracht verlassen hatte. In spannungsvoller Erwartung fragte er den Weisen: »Bitte sage mir, wie werden mich die Menschen empfangen?«

»Erzähle mir zuerst, wie du in deiner Stadt gelitten warst«, forderte ihn der Weise auf.

»Ich wahr sehr wohl gelitten«, berichtete er voller Freude. »Ich habe freundliche, hilfsbereite Menschen getroffen. Sie waren großzügig, duldsam und begegneten einander respektvoll«.

»Du wirst in der anderen Stadt Ähnliches erfahren«, gab ihm der Weise Bescheid.

Ein bekanntes Sprichwort sagt: Wie man in den Wald hineinruft, so schallt es wieder zurück.

Jeder Mensch reflektiert sein eigenes, verborgenes Gold durch sein Verhalten im Kollektiv. Jeder ist grundsätzlich frei, seine eigene königliche Energie zu entdecken.

In fundamentalistisch, religiösem Umfeld dominieren in der Regel Männer. Sie bevorzugen hierarchische Strukturen. Kommunikation wird zum Machtinstrument. Sie beharren auf strengen Regeln. In diesem Dunstkreis wird der Zugang zur Seele, dem Selbst, durch Regeln, Anweisungen und Gebote versperrt. Das ist Seelenmord.

Der Archetyp im unbewussten Wissen ist aber unsterblich. Es ist möglich, unsere Originalitäten wieder auszugraben. Das sind die Neugierde, die Kreativität, die Einzigartigkeit, die Individualität, die im Kollektiv verloren gingen. Sie gilt es wieder zu entdecken.

Doch es würde nichts nützen, einen Schlüssel, den wir im Dunkeln verloren haben, unter der Laterne zu suchen. Ebenso nützt es nichts, unsere Archetypen bei einem Guru oder in destruktiven Kulten zu suchen.

Wie wird man zum Schatzgräber in der eigenen Seele, ist darum die spannende Frage.

Zunächst geben wir der Drohbotschaft, mit der das Kollektiv die Suche verhindern will, einen neuen Anstrich. Wir entdecken im Bösen das Gute. Wir schauen uns Gefühle wie Ärger, Wut, Hass an und erkennen, dass sie uns Kraft geben und inspirieren.

Nun können wir entscheiden. Nützen wir diese Kraft und gehen auf die Suche nach einer Lösung und dem Sinn? Nützen wir sie, um unsererseits zerstörerisch zu handeln? Starke Gefühle helfen, die Spreu vom Weizen zu trennen. Sie können Begleiter sein auf dem Weg zum Verstehen und Vergeben. Anstatt für Zerstörung, Leid und Verletzung Energie zu vergeuden, nutzen wir die Kraft, um uns abzugrenzen, zu verteidigen, zu wehren.

Der Redner forderte die Zuhörer auf, in sich hineinzuhören. »Stellen Sie sich vor, Sie sind unter den Einfluss des Archetyps geraten, der paranoide Züge aufweist. Er gehört zu dem Typ »Größenwahn«. Er verbreitet seine Allmachtsfantasien, indem er sich als Erleuchteten darstellt. Er predigt Botschaften, die er angeblich von einer Geisterwelt erhalten hat. Er behauptet, die Reinkarnation eines Lichtwesens zu sein. Diesem Archetyp gelingt es leicht, Menschen von sich abhängig zu machen. Er versteht zu manipulieren, weil er die unbewussten Ängste in Ihnen für sich ausnutzt.

Ihre unguten Gefühle mahnen zur Skepsis. Lernen sie, auf solche Warnungen aus Ihrem Urbewusstsein zu hören. Die Autonomie der Archetypen wird sich immer wieder in Ihr Bewusstsein drängen und versuchen, Ihre Entscheidungen zu beeinflussen. Sie dürfen dann impulsiv sein. Erspüren sie das Böse und seine Macht. Halten Sie es aus und verstehen Sie. Das macht das Menschsein aus. Dann wächst aus dem Bösen das Gute. Sie nehmen die Wirklichkeit so an wie sie ist und nicht so, wie Sie sie unbedingt haben wollen.

»Die Gefühle, die Sie haben«, erläuterte der Referent, »sind die Sehnsüchte, die in Ihnen gespeichert sind«. C.G. Jung nennt die individuelle Persönlichkeit Anima und ergänzt sie mit Animus. Die Projektion der Seele bedient sich der Anima um mit Bildern und Vorstellungen zu informieren. Sie stellen die Einheit zwischen Bewusstem und Unbewusstem Wissen her. Das sind die Antreiber zum Leben. Das Bild, das Sie als Archetyp in sich tragen.

Wenn Sie sich verlieben, verlieben Sie sich in das, was Sie bisher in sich verborgen haben. Sie erspürten es in Ihrem Gegenüber. Das funktioniert über die Spiegelneuronen, ganz nebenbei erwähnt, aber das wäre Stoff für einen ganz anderen Vortrag«, merkte der Redner an.»Sie lieben sich in Ihrem Gegenüber. Das natürliche Kind wird damit glücklich. Das angepasste Kind, wird die Gefühle ignorieren müssen, denn es muss nach Regeln und Vorschriften funktionieren. Die antrainierten Ängste und die Abhängigkeiten erklären Eigenliebe und Selbstsucht für absolut verwerflich. Obwohl das angepasste Kind - ich nenne jetzt auch den indoktrinierten Erwachsenen Kind -, fühlt, dass etwas nicht in Harmonie ist, wird die erwartete Entscheidung treffen und damit unglücklich sein. Es kennt das Gebot: Liebe deinen Nächsten *wie dich selbst*, doch sich selbst lieben darf es nicht.

Trotzdem mischt sich bei jedem von uns die Kraftquelle, unsere Einzigartigkeit als schöpferisches Potential immer wieder ein. Lernen Sie, auf diesen Schatz, die Quelle Ihrer Energie zu hören«, riet der Redner eindringlich. "Sie können Ihr eigener Souverän werden, indem Sie darauf achten, welcher Impuls gerade *auf Sendung* ist. Dann bleiben Sie Herr ihrer Entscheidungen und verantwortlich dafür, wie viel Ihr Umfeld an Einfluss gewinnen kann und darf.

Ich will Ihnen einige Archetypen vorstellen, sie können versuchen, das Goldpotential in ihnen zu suchen.

Ich beginne mit dem Archetyp des Kriegers. Die Evolution formte ihn zum Jäger und Sieger. Die Anforderung unserer modernen Welt und Zivilisation ist eine Andere. Wir nennen diese Typen eher Kämpfer, Soldaten, Generäle. Niemand ist aber nur General oder nur Soldat. Im privaten Umfeld könnte er sogar ein Märtyrer sein. Gefährlich wird der Kämpfer aber am Steuer eines schnellen Wagens, oder im Cockpit eines Fliegers. Überall wo unkontrollierte Aggressionen Hinweise auf diesen Archetyp geben, muss mit negativem Ergebnis gerechnet werden. Der Krieger möchte unbedingt seinen Kampf gewinnen. Er hat eine spezifische Angst. Er fürchtet nicht nur seinen vermeintlichen Gegner, sondern vor allem, seine eigene Schwäche zu sehen. Er wird aggressiv bleiben müssen, bis er gelernt hat, mit Niederlagen umzugehen. Wenn dieser Archetyp bewusst zu Mitgefühl, und ethischer Vernunft geführt wird, überwindet er die Angst und wird sicherer sowie glücklicher. Damit wäre der Krieger von seiner Aggressivität erlöst. Er ist in der Lage seine Impulse als Goldschatz im Dunkeln seiner Seele zu nützen und konstruktiv einzusetzen.

So veränderte sich der Mensch seit der Steinzeit vom Jäger zum Hirten, dann zum Ackerbauern, Handwerker, Theologen, Arzt und Philosophen, zum Techniker und Wissenschaftler.

„Das, was wir heute Bewusstsein bezeichnen, hat sich erst allmählich von den Instinkten getrennt. Aber diese Instinkte sind nicht ganz verschwunden. Sie haben nur den Kontakt mit unserem Bewusstsein verloren und sind daher gezwungen, sich auf indirektem Wege zu behaupten. Das kann im Falle einer Neurose durch körperliche Symptome geschehen oder durch sonst unerklärliche Launen, Vergesslichkeit oder ... Fehlleistungen«, schrieb C. G. Jung einmal.

Ein weiteres Beispiel ist die königliche Energie. Sie hat innere Autorität, ist souverän und kann anderen auf Augenhöhe begegnen. Fühlen Sie sich wohl bei dem Gedanken, mit dieser Person in Kontakt zu kommen?

Stellen Sie sich dagegen die Begegnung mit einer extrem narzisstischen Persönlichkeit vor. Sie ist nicht in der Lage sich selbst wahrzunehmen. Ihre Haltung ist: »Bin ICH nicht wunderbar?« Dafür benötigt sie die permanente Bestätigung von außen.

Fühlen Sie den Unterschied?« Die Zuhörer bestätigten zustimmend. Der Redner hatte sie in seinen Bann gezogen.

»Lassen Sie uns "die Éros-Energie«, eine weitere Goldquelle, betrachten. Hier ging ein Raunen durch den Saal, offensichtlich traf er ins Schwarze.

»Nun, die Liebesenergie sorgt dafür, dass unsere Lust auf Leben nicht versiegt«, erklärte er. Diese Energie vereint alle Formen der Liebe - die Griechen konkretisieren sie. Mit Philia beschreiben sie eine zarte Zuneigung, befreundet sein, das Leben lieben, loyal sein zu Freunden, Familie, Gemeinschaft. Agapé bedeutet grundsätzlich lieben. Für Christen ist es die göttliche Liebe. Sie beschreibt auch die Zuneigung, die es ermöglicht, mit Feinden mitfühlend zu handeln. Die Nächstenliebe eben. Storge, bezieht sich auf die Liebe zur Familie, die engen Verwandten. Éros ist natürlich die erotische Liebe, die jemand meint, wenn er zärtlich »ich liebe dich« flüstert«. Mit dem letzten Satz zauberte der Redner ein verlegenes Lächeln in manches Gesicht der Zuhörer, in einige auch ein leichtes Erröten.

»Auch wenn Sie nun mit diesem Archetypus nur positive Bilder verknüpfen, liegen doch in ihm Gefahren verborgen", erklärte der Referent den überraschten Zuhörern.

"Denken Sie an einen Sozialarbeiter oder ehrenamtlichen Helfer, der soviel agapé investiert, dass er sich innerlich verbrennt. Er kann sich nicht abgrenzen. Er hat nicht gelernt, die Kämpfer-Energie, die in seinem Schatten-Sack deponiert ist, zuzulassen. Er schafft es nicht mehr, einen harmonischen

Ausgleich zu finden bei der Frage: Was ist wichtiger, die Sache oder ich als Person? Er unterdrückt die positive Wirkung der Aggressions-Energie, mit der er Übergriffe auf seine persönlichen Bedürfnisse abwehren sollte.

Bei strenggläubigen Kultmitgliedern wird das häufig beobachtet. Irgendwann meldet sich das Grundbedürfnis in Form von Depression, Herzbeschwerden oder anderen Problemen. Die Ärzte diagnostizieren »psychosomatisches Syndrom«, seit den Studien C.G Jungs in Fachkreisen bekannt.

Die Neigung, permanent zu spät zu kommen, kann zum Beispiel ein Hinweis dafür sein, dass eine unbewusste Disharmonie besteht. Möglicherweise der Wunsch nach Macht, Gewalt und Kontrolle. Unterdrückte Wut verbrämt sich oft in spiritueller Freundlichkeit. Sie zeigt ein eingefrorenes Lächeln, das nie die Augen erreicht, sich aber als »christliche Nächstenliebe« tarnt. In destruktiven Kulten lassen sich Menschen dieses Archetyps, über die vernünftigen Grenzen ihrer Kraft hinaus, ausbeuten.

Das bitte nicht verwechseln mit der spirituellen Energie »dem göttlichen Kind«. Diese Energie ist in jedem Menschen vorhanden. Es ist die erste Blaupause für unser Leben, die die Evolution geschaffen hat. Sie schöpft aus der Quelle der universellen Weisheit. Sie tritt niemals als Einzelerleuchtung in Erscheinung. Es ist das kollektive Wissen, mit dem wir Menschen unser soziales Miteinander gestalten. Obwohl verschränkt mit dem universellen Ganzen, ist die Freiheit der

Gestaltung des Individuums uneingeschränkt. Sie darf auch nicht von einem Guru, einer Diktatur, oder religiösen Gemeinschaft behindert werden.

Das ist die Gewissensfreiheit, die sowohl ein allgemeines Menschenrecht, als auch ein Grundrecht ist. Die Kompetenz der Selbstbestimmung bedingt die freie Entscheidung.

Sie können sich im Falle eines Konfliktes für Wut und Gekreische entscheiden.

Sie können eine konstruktive Lösung suchen.

Falls es diese den Umständen nach nicht geben kann, können Sie auch eine Niederlage akzeptieren ohne sich als Verlierer zu fühlen.

Da niemand selbst wählen kann, welche Fährnisse des Lebens ihm unter die Füße geschoben werden, hängt es von seiner Entscheidung ab, wie er damit umgeht. Hier kann ich das Buch eines international anerkannten Psychologen empfehlen, der das KZ überlebt hat. Viktor Frankl's »Trotzdem ja zum Leben sagen«.

Nützen Sie Ihre Freiheit, um gute Entscheidungen für sich zu treffen«.

Nach diesem Schlusssatz erntete der Redner stürmischen Beifall. Der Saal leerte sich nur langsam. Noch lange nach

Schluss der Veranstaltung standen Gruppen diskutierend beisammen.

Selbst bei dem nächsten Treffen der Therapiegruppe beobachtete Griseldis, wie jeder angespannt darauf brannte, seine neunen Erkenntnisse mit den Anderen zu teilen. Aus Erfahrung wusste sie, dass für dieses Treffen wieder die Wortpyramide ein nützliches Requisit ist. Sie hatte kaum die Begrüßung beendet, als Gotthilf schon nach der Pyramide griff und von seinen Recherchen zu berichten begann.

78 Gotthilf deckt die Entstehung der Mythen auf.

»Ich habe mich intensiv mit den unterschiedlichen Mythen der vergangenen Kulturen befasst. Wie sind sie entstanden? Die Geschichte des gewaltigen Jägers Nimrod, der den Turm zu Babel bauen ließ, ist allseits bekannt. Er wurde von seiner Mutter zum Gott ernannt, der als Tammuz unsterblich sei und bekam als Symbol der Unsterblichkeit den Tannenbaum. So wurde mir die Legende gelehrt. Was davon stimmt oder erfunden ist, habe ich nicht überprüft. Nüchtern betrachtet, erklärte eine machthungrige Frau, ihren Sohn zum Gott.

Die Azteken in Mexiko beteten neben dem Sonnengott noch dreizehn verschiedene Gottheiten an, die Menschenopfer verlangten. Man baute mächtige Tempel. Die irdischen

Vertreter dieser Götter besaßen Macht und Reichtum, sie erinnern mich an den Archetyp Größenwahn.

Ihre Eroberungen hatten das erklärte Ziel zu mehr Reichtum zu gelangen. Nicht anders verlief die Geschichte der Mayas in Mittelamerika. Für jede Lebenslage beteten sie einen Sondergott an. Den Gott des Krieges, der Geburt, des Sonnenunterganges, der Ernte, des Tanzes, des Regens, der Künste und viele mehr. Um ihre Götter, die sie sich aus der Beobachtung der Himmelsphänomene erdachten, rankten sie Sagen und Wundergeschichten. Ihre Anführer ernannten sich zu Stellvertretern, Abkömmlingen oder Inkarnationen der Gottheiten. Damit waren sie die unangreifbare Autorität mit uneingeschränkter Macht, größenwahnsinnig eben. Ihr Glaube basierte auf Vorstellungen, die nicht wahrheitsfähig waren. Er war nach wissenschaftlichen Maßstäben weder falsifizierbar noch verifizierbar. Ich fragte mich: Beschränkte sich dieses Phänomen nur auf den amerikanischen Kontinent? War es in Europa und Asien anders?

Ich dachte an die Ägyptischen Pharaonen. Sie behaupteten, direkte Söhne Gottes zu sein. Christen sprechen ebenfalls von einem Sohn Gottes, der Mensch wurde. Der Gott der Ägypter war der Sonnengott Ra oder auch Re genannt. Sein Symbol war unter Anderen eine Sonnenscheibe umwunden von einer Schlange. In der ägyptischen Mythologie gibt es zahlreiche Legenden zu Wundern. Der Stab, der zur Schlange wurde, ist zunächst von den Hebräern weiter erzählt worden. In der christlichen Tradition findet er sich im Nikolausstab, der einen Schlangenkopf trägt wieder.

Wir begegnen Odin, dem Gott mit den Rentieren und Gottvater Wodan. Auch er trug einen Stab mit einem Schlangenkopf. Die Legenden über die wilde Jagd in den Raunächten sind über die Jahrtausende erhalten geblieben.

Wer kennt nicht die Feiern zu ehren des römischen Sonnengottes. Sein Fest der Auferstehung - Invictus - wird am 25. Dezember gefeiert und ist im vierten Jahrhundert mit dem Geburtsdatum des Jesusknaben christianisiert worden.

Welche verflossene, einflussreiche Tradition ich auch betrachtete, ich erkannte die Neigung der Mächtigen, sich von ihrer Habsucht, Ehrsucht, Machtsucht leiten zu lassen. Ich bin geneigt, den Archetyp des paranoiden Größenwahns, kombiniert mit der extrem narzisstischen Persönlichkeit zu definieren. Sie erzählten den Untertanen Mythen und hielten sie in geistiger Gefangenschaft. Ich fand dieselben Darstellungen bei den Kelten, in Tibet, im Islam, bei den Hindus, im Buddhismus, Shintoismus, Judaismus. Sollte nur das Christentum davon ausgenommen sein? Ich öffnete mein inneres Auge und ließ die zweitausendjährige Geschichte Revue passieren und sehe auch hier das gleiche Muster.

Ich denke über die Aussage C.G. Jungs nach, dass das Göttliche die erste Blaupause ist, die wir als Archetyp mitbekommen haben. Wenn diese Sehnsucht nach Gott kein Urinstinkt des Menschen wäre, hätten ihn die Mächtigen nicht so oft zum Schaden des Volkes ausnützen können. Ich bin nun überzeugt, dass man den Zugang zu Gott finden kann. Doch werde ich mich vor solchen hüten, die den Glauben als Ware anbieten, oder vor solchen, die sich selbst als Erleuchtete preisen und mit der Gutgläubigkeit der Suchenden ihre eigenen Taschen füllen. Es kann nicht schaden, Spiritualität mit Nüchternheit und Besonnenheit zu betrachten. Sie hat offenbar nichts mit übersinnlich Geheimnisvollem zu tun. Ganz im Gegenteil, sie macht frei, weil sie keine Ideologie verbreitet, keinen Gehorsam fordert, keine Regeln aufstellt. Sie erlaubt es, dem eigenen Herzen zu folgen, ohne sich in irgendeine Richtung verbiegen zu müssen.«

79 Sophia sucht Spiritualität außerhalb der Zivilisation.

»Da möchte ich dir entschieden beipflichten«, übernahm Sophia das Wort. »Ich habe mich in Gedanken tatsächlich auf die Reise nach Afrika begeben. Dabei hatte ich das Experiment mit den Affen im Sinn. Informationen werden nur weitergegeben, wenn sie nützlich sind. Also gibt es in Afrika sicher keinen Affenstamm, der seine Mitglieder schlägt, wenn sie sich eine Frucht vom Baum holen wollen. Aber es gibt noch Menschenstämme, die keinen Kontakt zur weißen Bevölkerung und deren Zivilisation hatten. Die Informationen, die sie von ihren Vorfahren in den unbewussten Speicher übertragen bekamen, sind nicht mit unseren Informationen zu vergleichen. Sie benützen keine moderne Kommunikationstechnik. Ihnen genügen die Buschtrommeln. Sie haben keine Fabriken und bewirtschaften keine Felder mit Traktoren. Es mutet an, wie eine Zeitreise Jahrtausende in die Vergangenheit.

Trotzdem sind ihre Traditionen mit ihren Göttern verknüpft. Der Regengott entstand, weil sie Regen und Trockenheit erfahren haben und ihr Überleben davon abhing. Blitz und Donner erklärten sie als Stimme der Götter. Wenn der Blitz Feuer vom Himmel schleuderte, sahen sie ein Zeichen, dass Gott zornig ist. Das Grollen konnte nach ihrem Verständnis nur ein Krieg zwischen einem guten und einem bösen Gott bedeuten.

Soweit scheint alles plausibel. Wer kam aber auf die Idee, einen Gott damit zufrieden zu stellen, dass man kleine Mädchen genital verstümmelt? Das ist doch ebenso sadistisch grausam, wie die Menschenopfer bei den Azteken. Wieso denken sich Menschen einen sadistischen Gott aus? Ich frage mich, wie extrem muss die Drohbotschaft sein, die mich als Mutter dazu gebracht hätte, mein Kind einem solchen Ritual auszuliefern? Die Angst vor den unsichtbaren Zauberkräften muss extrem sein.

Unwillkürlich dachte ich an die Eltern, die ein Kind verloren haben, weil sie ihm keine Bluttransfusion geben ließen. Ein

Blutopfer, das mit keinem vernünftigen Argument zu erklären ist. Es steht die Drohung dahinter, dem satanischen System zum Opfer zu fallen.

Alles Unbekannte und jede gefährliche Situation wurde vermutlich zu allen Zeiten unsichtbaren, bösen Mächten zugeschrieben. So können die Geschichten vom Teufel und den Dämonen entstanden sein. Von realen Menschen ausgedachte Geschichten, die ihre eigenen Gesetze für ihren persönlichen Ehrgeiz instrumentalisieren.

Bei Licht besehen, sind es Menschen, die Schaden stiften. Die Kriege führen, durch polemische Parolen Menschen ausgrenzen, mobben, stigmatisieren. Es sind Menschen, die ihre Handlungsanweisungen mit Bibelversen oder Koranversen verknüpfen und diese entweder als Friedensstifter oder als Kriegshetze einsetzen. Ich bin zu dem Schluss gekommen, dass mein Zorn berechtigt ist. Er richtet sich gegen Menschen, die über andere Menschen Macht ausüben, indem sie sie an die Kandare der krankmachenden Bibelverse nehmen. Meine Suche nach der Wahrheit hat viel mit meinem Anspruch auf Freiheit zu tun. Da muss ich über deine Aussage zur Spiritualität nachdenken Gotthilf. Rechtlich Verbindliches ist nur auf dieser Grundlage zu finden. Sittliches Handeln ist ein formales Prinzip, kein materielles. Es muss für die Allgemeinheit aller Bürger notwendig sein, ihre Zustimmung finden und auf der Grundlage der Wahrheit entwickelt sein.

Mein Ziel wird es sein müssen, in die Politik zu gehen«, sagte sie halb scherzhaft. »Das ist die richtige Plattform, um meine Erkenntnisse anzuwenden und weiterzugeben. Gotthilf erwähnte das deutsche Recht in Sachen Kindeswohl. Seelische Verletzungen und entwürdigende Maßnahmen gegen Kinder in destruktiven Kulten und fundamentalistischen Gemeinden sind weitgehend unbekannt. Das zu ändern bin ich prädestiniert. Ich spreche aus Erfahrung und kann mein Wissen weitergeben. Wer das Wissen hat, ist für die Manipulierer nicht mehr zu gebrauchen.«

80 Maria entzaubert den Glauben an Geister.

»Das ist ein gutes Ziel, Sophia,« pflichtete ihr Maria bei. »Du hast genügend Power durch deinen Archetypus Krieg. So kannst du ihn für den Frieden aktivieren.«

Die Gruppe pflichtete erheitert bei.

»Ich denke auch, dass das Geheimnis des Fortschrittes in der Weitergabe des Wissens liegt«, fuhr Maria fort. »Ich versuchte, eine imaginäre Reise zu den Inuit. Ich fragte: Welches Wissen sicherte ihr Überleben in einer extrem harten Natur? Sie trotzten tosenden Stürmen, langandauernder Dunkelheit und eisiger Kälte. Ein sicheres Iglu bauen zu können, garantierte Schutz, Wärme Leben. Wie fängt man Wale und Robben? Wie nützt man das Fleisch, die Felle, das Fett, um die Bedürfnisse des Lebens zu befriedigen? In der schützenden Behausung, diffus erleuchtet von Tranlampen und erwärmt von der Körperwärme der Bewohner waren gute Geschichtenerzähler willkommen und angesehen.

Die Inuit glaubten, alles um sie herum ist beseelt. Für mich nachvollziehbar bei der engen Verbindung zur Natur. Sie hatten Achtung vor jedem Stein, jedem Halm, jedem Tier und jedem Organismus und betrachteten sie als seien sie lebendig mit eigener Seele. Sie glaubten auch, dass die Seelen der Menschen von Tier zu Tier wandern.

Aus dem Glauben an Geister und Zauberei entstand eine Vielzahl fantasievoller Geschichten. Sie wurden über Generationen mündlich weitergegeben. Schrift kannten sie nicht. Die einzige Quelle die Tradition und Lebensform, die Moral, die Gebote für richtig und falsch weiterzugeben, waren die Geschichtenerzähler. Sie belehrten die Menschen über Normen, die das soziale Verhalten des Volkes regelten.

Sie erzählten zum Beispiel eine Flutlegende. Die gesamte Erde wurde von einer gewaltigen Flutkatastrophe überrollt. Nur die Spitze eines einzigen Berges ragte aus den Fluten heraus. Wenige Tiere erreichten diesen Berg und wurden gerettet. Auch einigen Menschen gelang es, mit einem Familienboot den Berg zu erreichen. Sie überlebten ebenfalls die Katastrophe. Sie ernährten sich von Fischen. Als die Wasser abgeflossen waren, blieben Berge, Täler und Flüsse zurück. Die Überlebenden vermehrten sich allmählich und bevölkerten die Erde. Das kam mir sehr bekannt vor.

Skurril finde ich dagegen die Geschichte von der Entstehung von Sonne, Mond und Sternen. Sie besagt, dass ein Bruder seine Schwester unsittlich bedrängt habe. Vater und Mutter wurden daraufhin sehr zornig auf den Sohn. Er floh in den Himmel, um der Strafe zu entkommen. Die Schwester verfolgte ihn. Da wurde der Bruder in den Mond verwandelt und das Mädchen, das im Hause der Eltern für das Feuer verantwortlich war, in die Sonne. Die Funken, die aus dem Feuer des Mädchens stoben, wurden zu den Sternen. Und so verfolgen sie sich immer noch. Der Mond versucht, sich in dem Dunkel der Nacht zu verbergen. Doch hin und wieder begegnen sie sich. Das kann sogar von der Erde aus durch die Verfinsterung beobachtet werden."

81 Gott mit der erdbezogenen Wahrnehmung erklärt.

"Liebe Griseldis, ich beginne zu verstehen, was du uns mit deiner Bitte, die Perspektive unserer Betrachtung zu verändern, sagen willst. Menschen haben sich zu allen Zeiten einen Reim darauf gemacht, wie ihre Beobachtungen zu erklären seien. Nach Jung fühlten sie zwangsläufig eine instinktive Verknüpfung zum unsichtbaren Bereich.
Logisch, dass die Suche nach Gott, ein Urbedürfnis der Menschheit ist. Die Fragen wurden mit dem jeweils bis dahin

vorhandenen Wissen beantwortet. Die Erklärung: »Im Anfang schuf Gott Himmel und Erde«, war eine einfache Antwort auf die Frage, wie Himmel und Erde entstanden sind. Die Menschen sahen das himmlische Zeltdach und die Erde auf der sie lebten. Die logische Schlussfolgerung: Gott hängte Sonne, Mond und Sterne an dieses Zeltdach. Von der Erde aus sieht man die große Leere und Weite des Universums nicht. Niemand kannte die unermesslichen Abstände zwischen den Planeten. Man wusste nichts von Galaxien, der Milchstraße, der Reise des Lichts durch die Unendlichkeit.

Die Menschen konstatierten, dass Gott eine »Ausdehnung« zwischen den Wassern schuf, also die Wolken teilte und dadurch die Atmosphäre und den Raum für das Leben erschuf. Die damals lebenden Menschen dachten, dass sich das Wasser der Wolken auch oberhalb der Himmelskörper befand. Die heutigen Astronauten, die einen winzigen Teil des Weltalls bereisten, wissen, das es nicht stimmt. Das Wissen vermehrt sich kontinuierlich. Wir geben es weiter. Es bleiben weitere Fragen offen. Die Forschung wird Antworten finden.

Die Geschichten der Vorzeit geben die erdbezogene Wahrnehmung wieder. Was unerklärbar war, schrieb man folgerichtig Gott, Geistern und Dämonen zu. Wissen vermehrt sich nicht in allen Regionen der Erde gleich schnell. In Gebieten, die wenig Verbindung zu fremden Kulturen haben, bleiben Tradition und Wissensstand über viele Generationen konstant. Erst eine gravierende Veränderung der Umwelt, bedingt eine

Veränderung und Anpassung, sobald das Überleben gefährdet ist. Das passiert derzeit bei den Inuit, die sich mit den veränderten Bedingungen des Klimas neue Ressourcen erschließen müssen.

Bisher machte ich mir keine Gedanken darüber, ob die Schöpfungs-Geschichte plausibel ist. Im Vergleich mit den Mythen der Inuit, bin ich heute überzeugt, dass die Erzählungen im Alten Testament, ähnliche Wurzeln haben. Sie unterscheiden sich nicht wesentlich von den Mythen anderer Völker und Kulturen.

Die Ursache, warum die Werbung der Scientologen mich erreichte, suche ich bei mir. Ich denke, es gab in meiner Familie einen Guru, dem ich unbedingt etwas beweisen wollte. Es war mein Bruder. Das Vorzeigekind meiner Eltern. Er war perfekt. Ich dagegen konnte nie etwas recht machen. So sehr ich mich auch anstrengte, ich wurde gelobt mit dem Zusatz: »Aber nimm dir ein Beispiel an deinem Bruder«. Natürlich glaubte mein Bruder, dass er einzigartig und unerreichbar ist. Es hat ihm geschadet. Er ist unerträglich arrogant. Jedenfalls mir gegenüber doch auch im Allgemeinen. Ich rebellierte. In meinem sozialen Umfeld wurde ich zur Außenseiterin. Ich versuchte mit extremer Strebsamkeit, die Anerkennung zu erzwingen. Womit ich mich auch in der Schule und später an der Uni isolierte. Ich litt darunter, konnte die Gründe dafür aber nicht erkennen. Ich stürzte in Gefühlsturbulenzen. Griff zum Alkohol und zu Aufputschmitteln. Ich verabscheute mein Leben, und das trotz meiner Karriere und des Erfolges, um den mich die Umwelt beneidete.

Am Beispiel der Pyramide erkannte ich, dass ich meine ganze Kraft vergeudete, sie auf der Spitze zu balancieren. In einer Phase der Depression begegnete ich der Scientologin. Sie war freundlich und hörte mir zu. Sie stellte geschickte Fragen und versicherte mir, ich könnte meinen persönlichen Weg zur Perfektion finden. Sie bot mir einen kostenlosen Test an, bei dem herausgefunden werden könnte, welche erlittenen Schmerzen in meinem Engramm, der Erinnerungsdatenbank des transzendenten Bereiches gespeichert seien. Diese negative Energie könnten sie entfernen und dann hätte ich die Möglichkeit clear zu werden und zu einem echten, operierenden Thetan aufzusteigen. In meiner damaligen, verzweifelten Situation unterschrieb ich die Verträge, die mich schließlich mein gesamtes Vermögen gekostet haben.

Das Ergebnis meiner Gedankenreise ist die Erkenntnis, dass ich versuchte, ein fremdes Leben zu leben. Ich wollte ein Pfau sein, wie mein Bruder. Aber der Archetyp, der wirklich zu mir passt, ist offensichtlich die graue Lerche. Bei Licht besehen, werde ich niemals so prächtig auftreten können wie ein Pfau. Andererseits so sehr sich der Pfau auch anstrengt, er wird niemals seine Flugkreise unter dem strahlend blauen Himmelszelt tirilierend in die Höhe schrauben können. Für mich ist das ein schöner Gedanke. Eine Genugtuung. Ich verstehe jetzt, dass ich mehr über mich erfahren will. Ich werde eine Reise zu mir selbst antreten«.

Maria bot nach dieser Feststellung die Wortpyramide dem Nächsten in der Runde an. Klara übernahm.

»Wow, Maria, ein beeindruckender Beitrag«, lobte Griseldis. »Mit deiner weisen Entscheidung hast du deine Reise bereits angetreten. Auch wenn noch tausende Schritte vor dir sind, die ersten und wichtigsten Schritte bist du bereits gegangen. Lass dich nicht mehr dazu verführen, einen fremden Weg zu gehen.«

82 Klara erzählt die Geschichte des Bibelkanons.

Klara begann zögernd und nachdenklich über ihre Gedanken zu sprechen: »Während der Zeit, als ich zwischen Leben und Tod schwebte, hatte ich das Gefühl, dass ein Teil von mir außerhalb meines Körpers schwebte. Einerseits konnte ich beobachten, wie die Helfer meinen Körper behandelten, andererseits fühlte ich mich nicht mehr für ihn zuständig. Ich kommunizierte mit Wesen, die sich mir als meine Vorfahren zu erkennen gaben. Wir übermittelten Gedanken, keine Worte. Ich dachte eine Frage und erhielt die Antwort. Ich wollte nicht darüber sprechen. Ich war nicht sicher, ob es sich um Halluzinationen oder Träume handelte. Ich wollte nicht in den Verdacht geraten, geistesgestört zu sein. Nach dem Vortrag über das unbewusste Wissen in unserer Seele, glaube ich, dass ich mit diesem Wissen in Kontakt war. Sicher werden unbewusste

Botschaften an die nächsten Generationen weitergegeben, um sie für das Überleben fit zu machen.

Auf meiner Suche nach der Wahrheit reiste ich in Gedanken nach Rom. Für Millionen Menschen die Heilige Stadt. Für uns Geisterkannten, der Hauptsitz von Babylon der Großen, dem Weltreich der falschen Religion. Was ist wahr? Ich war bereit, mein bisheriges Verständnis der Schriften mit dem anderer zu vergleichen. Ich wollte wissen, ob sie nur unsere geistgeleiteten Führer richtig auslegen können.

Natürlich wechselte ich dafür meine Perspektive der Betrachtung. Wie sind diese Schriften entstanden? Wie wurden sie überliefert? Verstehen wir sie heute noch so, wie sie vorzeiten niedergeschrieben wurden? Ich musste mir eingestehen, dass zum Beispiel der Bericht über Adam und Eva als erstes Menschenpaar einer wissenschaftlichen Analyse nicht standhalten kann. Demnach könnte dieser Mythos ähnlich verbreitet worden sein, wie die Erklärungen der Inuit zur Entstehung von Sonne, Mond und Sternen.

Trifft das nur auf die Berichte im Alten Testament zu, fragte ich mich. Was erfahre ich über den Kampf im Himmel, der zwischen Michael, dem Sohn Gottes und dem Drachen und seinen Dämonen im Himmel ausgefochten wurde? Aus der Offenbarung des Johannes werden so viele Drohszenarien abgeleitet, die mir und meinem Kind ein Leben in Angst und Schrecken bescherten. Wie ihr euch denken könnt, war ich sehr erstaunt, auf historische Aufzeichnungen zu stoßen, die belegen, dass die ersten Christen das Buch des Johannes ablehnten. Berücksichtigt man die metaphysische Interpretation aus der nahöstlichen Sprache, ist eine wörtliche Bedeutung ausgeschlossen. In dem Buch gibt es mindestens 1000 symbolische Hinweise auf bevorstehende Ereignisse. Nach nahöstlicher Symbolik - die bei Aufzeichnungen aus dieser Region unbedingt zu berücksichtigen ist, - und mit dem Wissen der damaligen Zeit, steht der »Drache« für Chaos und irdische Macht, Widerstand und Feindschaft.

So beschrieben es auch unsere geisterkannten Führer. Das Chaos, den Widerstand und die Feindschaft verlegten sie kurzerhand in den Himmel. Sie personalisierten das Böse zu einem Geistwesen mit Namen Satan oder Teufel. Ich frage mich sehr verwundert, wieso ich eigentlich an einen »Krieg« im Himmel glauben konnte? Hatte es die universelle Macht und Weisheit jemals nötig mit einem Geschöpf einen Krieg zu führen oder führen zu lassen? Was sollte die Beschreibung des Kampfes mit dem Drachen im Himmel bezwecken? Es kann im nichtstofflichen Bereich, in der himmlischen Dimension keine Drachen geben. Die Drohbotschaften taugten ohne eine eindrucksvolle Metapher nichts. Ein gefallener Engel, mächtige, böse Geistwesen sind bedrohliche Synonyme. Dagegen ist irdisches Chaos kaum verwertbar. Der Teufel, der so als Widersacher Gottes auf die Erde geschleudert worden ist, wird zur Quelle der Kriege und allem Schlechten.

Nach der Symbolik der aramäischen Sprache bedeutet Michael und Engel »Gottes Gedanke« und »Gottes Ratschlag«. Meine Erklärung der Kampfbeschreibung aus der Offenbarung des Johannes wäre demnach ein Kampf des Guten gegen Täuschung und Widerstand gegen die Wahrheit, der am Ende gewonnen wird.

In den ersten Jahrhunderten der christlichen Ära gab es ein erhebliches Tauziehen zwischen den verschiedenen Vertretern der neuen Lehre, die zunächst »der Weg« und später »Christen« genannt wurden. Die Anhänger des Thomas-Evangeliums sprachen das einfache Volk an. Die Verfechter der Lehren der paulinischen Schriften rekrutierten sich aus der Klasse der Reichen und Gebildeten. Letztere bekamen im vierten Jahrhundert die Oberhand.

Warum wundert mich das heute nicht?

Das Liebesevangelium des Thomas wurde als apokryphische Schrift verboten und die Briefe, die man Paulus zuschrieb wurden Teil des heutigen Kanons. Die Klasse der Mächtigen hatte damit ein Regelwerk, mit dem sie ihre Macht befestigten, ungeachtet der unzähligen Hinzufügungen zu den Aussagen der Evangelien. Sie beriefen sich auf Gottes Ernennung und wurden unantastbar. Ich kann da auch den Archetyp Größenwahn erkennen.

So beschreibe ich jetzt die Einsicht aus meiner Reise in die Vergangenheit. Es ist nur ein Beispiel, doch es hat mir die Antwort auf die Frage gegeben »wozu« ich am Leben geblieben bin. Ich nehme die Hinweise von dir auf, Griseldis und stelle mich meinem Teil der Verantwortung. Ich habe meinen Sohn in einem Glauben erzogen, den ich jetzt hinterfragen will.

Unser Glaube basiert auf Regeln, deren Fundament vor tausenden Jahren gelegt wurde. Ich habe diese Regeln an meinen Sohn weitergegeben und nicht bedacht, wie sie sich auf sein Selbstwertgefühl auswirken.

Nicht nur mein Kind, auch ich selbst lebte in der ständigen Angst, für einen Fehler, eine Sünde bestraft zu werden. Wir glaubten an die Existenz eines persönlichen Rivalen Gottes. Wir fürchteten uns vor dem Teufel oder Satan und seinen Dämonen. Wer diese Furcht schürt, betreibt geistlichen oder seelischen Missbrauch.

Mein Aufbäumen gegen die unmenschliche Vorschrift, den Kontakt zu meinem Sohn abzubrechen, war aus meiner Kisten-Perspektive eine Sünde. Mein Sohn muss es als Verrat an Gott empfunden haben. Er hat die Entstehung der Schriften nicht hinterfragt. Er glaubt immer noch, dass die Lehren der Geistgeleiteten die Wahrheit sind. Er fühlt sich als Sünder und ich bin ihm in der Sünde gefolgt und gab ihm aus seiner Sicht keinen Halt mehr.

Die Traumatherapeutin hat Recht. Seine Seele ist ein Scherbenhaufen. Das droht ihn völlig aus der Bahn zu werfen. Dafür ist zum großen Teil diese fremdbestimmte Erziehung verantwortlich. Es ist meine Aufgabe, ihm den Weg zu seinem »Schattensack« zu zeigen. Ich weiß, dass er eine Menge Gold im Dunkel seiner Seele verborgen hat. Ich will und werde Wege finden, wie er ein erfolgreicher Goldgräber werden kann.

Meine erste Frage wird sein: Wer hat die Sünde erfunden, wenn Adam und Eva nicht die ersten Menschen waren? Wem hat es genützt, dass natürliches, menschliches Verhalten als Sünde, deklariert wurde? Ein Kollektiv, das Individualität und Kreativität fördern will, kann mit gehorsamen, aber einfallslosen Jasagern und Sklaven doch nichts anfangen, oder? Die absolute Forderung nach Gehorsam blockiert das fundamentale Bedürfnis des Menschen, impulsiv seine Begabung zu leben. Sie zerstört die Lust am Spielen, Singen, lachen. Sie nimmt die Chance auf einen natürlichen Lernprozess durch Erfolg und Misserfolg.

So domestizierte man mit mittelalterlinchen Methoden Tiere. Das ist keine Option für die Erziehung von Kindern, die zu einem gesunden Selbstwert finden sollen. Sie brauchen ein vernünftiges Vorbild für gutes soziales Verhalten. Mir wurde schlagartig bewusst, dass in dem engen Korsett einer fundamentalistischen Gemeinschaft, nur instinktverletzte Persönlichkeiten heranwachsen können. Diese werden in ihrer persönlichen Entwicklung ebenso begrenzt sein, wie die Gemeinschaft selbst, die in dem Wissen stehen blieb, das vor Jahrtausenden gültig war.

Natürlich kann dieser Zustand nur aufrecht erhalten werden, wenn vor Neuem, Fremden, Ungewöhnlichem gewarnt wird. Dabei helfen die Horrorgeschichten rund um die bösen Mächte und Dämonen. Der freie Zugang zu neuem Wissen, Fortschritt und Erkenntnis wird durch Regeln, Verbote und Drohungen versperrt«.

Klara gab die Wortpyramide an Quirin, der das letzte Wort hatte.

Griseldis lobte sie für ihren Bericht: »Danke, Klara, beeindruckend. Du hast eine weise Entscheidung getroffen, daran zweifle ich nicht. Du wirst Hilfe brauchen, doch am Ende kannst du nur gewinnen. Gehe den Weg, den dir dein Bauchgefühl jetzt gezeigt hat. Es wird dir zeigen, wo du an deinem persönlichen Ziel ankommen sollst.«

83 Homosexualität neu gesehen.

»Ich hörte euch sehr aufmerksam zu«, begann Quirin. »Vielen Gedanken kann ich zustimmen. Ich suchte die Antwort auf meine Frage, ob Gott Homosexualität verurteilt. Jeder von uns kennt die Geschichte Lots und der Vernichtung der Städte Sodom und Gomorra. Habt ihr jemals den Grund für die Bestrafung dieser Städte hinterfragt? Nein - ich auch nicht. Die Kirche verbindet einen Bericht im Alten Testament mit einem Gebot aus den paulinischen Schriften. Danke, Klara für deine Recherche zu ihrer Geschichte. Das fundamentalistische Dogma, Homosexualität ist Sünde, steht auf wackeligen Beinen. Archäologen fanden bisher keine Bestätigung des Bibelberichtes zu Sodom und Gomorrha. Er könnte somit eine, nach aramäischer Tradition, ausgeschmückte Erzählung sein. Die Nomaden lauschen an einem Lagerfeuer in der Wüste unterm Sternenhimmel dem Geschichtenerzähler, der sie von Mal zu Mal mit neuen, dramatischen Details ausschmückt. Bin ich ein Sünder?

Meine imaginäre Reise in die Vergangenheit führte mich zu anderen Bewertungen. Die Liebe unter Männern hatte Akzeptanz und Ansehen. Männliche Tempelprostituierte empfanden ihre Stellung als Auszeichnung und Ehre. Lange vor der biblischen Geschichte um Sodom und Gomorra wurde von der Bestrafung einer Stadt erzählt, deren Einwohner sich an Fremden vergehen wollten. Nicht die Homosexualität war der

Grund des Strafgerichtes. Vielmehr brachte die Missachtung ethischer Normen den Tod über die Städte.

Wie ich schon früher erzählt hatte, respektierten Männer einer Stadt den Anspruch auf Schutz und Gastfreundschaft nicht, der Fremden zustand. Sie handelten gewalttätig in ihrer sexuellen Gier. Das duldete in der orientalischen Tradition keine Nachsicht. Ganz ehrlich - aus dieser Perspektive gesehen, bin ich dankbar für einen Moralkodex, der solches Verhalten mit Strafe bedroht. Natürlich unter Wahrung der Verhältnismäßigkeit der Mittel. Ich bin sicher, dass ein Orientale die Geschichte völlig anders interpretiert, wie ein Europäer, der die Erzählung wörtlich übersetzt.

Nun fühle ich in meiner Brust zwei »Wölfe«. Der eine erzählt mir, dass ihr völlig Recht habt, wenn ihr die religiösen Überlieferungen in Frage stellt. Solange ich der kirchlichen Doktrin zur Homosexualität folgte, versuchte ich, meine Persönlichkeit zu eliminieren. Es war mir nicht möglich, mich selbst zu akzeptieren. Es ist wie eine Enteignung. Ich fühlte mich minderwertig, beschmutzt. Ich war so verzweifelt, dass ich mich vor mir selbst ekelte. Ich flehte unzählige Male zu Gott, mich von dieser schmutzigen Krankheit zu heilen. Ich hoffte inständig, als Priester mit göttlicher Gnade Anerkennung zu bekommen, damit ich Gutes tun kann.

Wir leben jetzt im 21. Jahrhundert und kennen die Forschungsergebnisse der Wissenschaft zum Schwulsein. Es ist unerträglich, wie viel ich über mein Menschsein, aus Loyalität gegenüber der Doktrin, lügen musste. Andererseits mahnt der andere Wolf in mir: »Siehst du nicht, dass ein elementares Bedürfnis besteht? Die Menschen brauchen Antworten auf viele ihrer Fragen und sie suchen die Antworten aus dem Himmel. Sie suchen Gott und hören bereitwillig denen zu, die behaupten, Gottes Antworten zu kennen.«

Diesen Zwiespalt muss ich auflösen. Ich muss zwischen Spiritualität und Religiosität unterscheiden. Spiritualität verstehe ich als das „Geistige" im Menschen. Es ist die Fähigkeit einer Person ihre einmalige, einzigartige Besonderheit zu entdecken und zu entfalten. Sie ist die Möglichkeit des Menschen, sich in größerem Zusammenhang eingebunden und getragen zu erleben.

Die Religiosität wurzelt in einem Glaubens*system*. Das System kann sich rund um einen Propheten oder einen Lehrer entwickelt haben. Es kann auch aus einer Reihe von mehr oder weniger willkürlichen Grundsätzen entstanden sein. Sie werden aus einer besonderen Berufung oder persönlichen Offenbarung abgeleitet. Aus dieser Unterschiedlichkeit der Begriffe erklärt sich das Phänomen, dass Menschen spirituell sein können ohne religiös zu sein – und religiös, ohne spirituell zu sein.

Ich verstehe jetzt, dass Religion auf dem Weg zur Spiritualität nicht immer hilfreich ist. Sogar der Begriff „Gott" ist für viele Menschen negativ belastet. Wie viel Unrecht, wie viele Kriege, wie viele Menschenrechtsverletzungen wurden und werden im Namen Gottes begangen! Ich sehe nur begrenzte

Möglichkeiten, Gott in allgemeingültiger Form zu beschreiben oder zu begreifen. Wir haben darüber gesprochen, wie sich Menschen ihre Götter erschaffen. Darum will ich von einem Gottesbild sprechen.

In einem Glaubens*system* werden die Menschen mit Hilfe der Sprache zu skurrilem Verhalten manipuliert. Beispiele dafür liefert uns die Geschichte zuhauf. Überlieferte Zeugnisse von Kreuzzügen im Namen der Religion oder im Namen Christi, der Inquisition, den Hexenverbrennungen und Verfolgungen religiöser Minderheiten, Religionskriege, hinterließen ihre blutigen Spuren.

In anderen *Systemen* funktioniert das ebenso, wie fanatisierende Ansprachen aus dem Bereich der politischen Führung dokumentieren. Wenn ich die Frage zitieren darf: "Wollt ihr lieber Butter oder Kanonen?" Oder aus der gleichen Epoche die Aussage: »Ihr werdet in diesen Kampf gehen wie in einen Gottesdienst«, (Goebbels).

Georg Orwell beschrieb das Phänomen in seinem Buch 1984. In dem Ministerium der Liebe wird gefoltert, weil Krieg Frieden ist.

Damit komme ich zu der sogenannten christlichen Doktrin, die keine Liebe ohne Bedingungen kennt. Mit ihr wird Gott als die höchste, strafende Instanz karikiert. Wer die Rute der Zucht spart, hasst seinen Sohn. Es wurden ungezählte Sünden erfunden, die durch die Beichte und mit einer Geldbuße vergeben werden. Mir genügte die Reise nach Hirapolis nicht.

Ich arbeite daran, meine beiden Archetypen, miteinander zu versöhnen. Dafür dehnte ich die Suche nach Hintergründen deutlich aus.

Ich habe in meiner Ordensgemeinschaft wunderbare Menschen getroffen, die aus echter Nächstenliebe aufopferungsvoll tätig sind. Ich erinnere mich an Wohltäter der Menschheit wie Albert Schweizer, Karl-Heinz Böhm, Marie Curie - es wäre unmöglich, sie alle aufzuzählen. Dann denke ich an Naturkatastrophen oder die Millionen Flüchtlinge. Ich sehe Menschen, die Hilfe brauchen und Menschen, die spontan helfen. Hat jemals einer beobachtet, dass in solchen Situationen nach der Religionszugehörigkeit, der Nationalität, dem Glauben gefragt wurde? Die Berichte über die Hilfsbereitschaft der Menschen in Thailand, nach dem Tsunami im Dezember 2013 waren herzerwärmend. Wissen wir, wie viele Helfer »christlich«, »buddhistisch«, oder gar "atheistisch" waren?

Ich schließe daraus, dass wir wirklich ein Erbe aus Urzeiten in uns tragen, das uns in die Lage versetzt ethisch und moralisch gut zu handeln. Im Hebräischen ist das Wort Kompass das Gleiche wie Gewissen. Diesen Kompass, den wir auch Gewissen nennen können, haben wir alle auf der Grundlage der Erfahrungen unserer Vorfahren übermittelt bekommen. Wir hörten, es sind die Blaupausen unseres Seins. Sie sind das Ergebnis humanistischer Ethik, mit der ein friedliches Miteinander durch Tradition und Erfahrung geregelt wird.

Der Kompass kann kein Regelwerk sein, den sich Institutionen ausdenken. Er bedient sich keiner selbsternannten Mittler um angeblich göttliche Gesetze in die Köpfe der Menschen marktschreierisch einzupauken. Er ist ein stiller Wegweiser, der uns mit dem Wissen, das in uns gespeichert ist, lenken kann.

Ich lebte bisher nach den Regeln der Benediktiner. Wir kümmerten uns um obdachlose Menschen. Wir gründeten eine Stiftung für sie und betrachten sie ausdrücklich als Gäste, weil wir ihre Menschenwürde nicht verletzen wollen. Viele Menschen in anderen Ordensgemeinschaften leisten gute Arbeit in der Krankenpflege, der Altenfürsorge, der Kinderbetreuung, Katstrophenhilfe. Genau betrachtet, sprechen viele positive Gründe für eine Gemeinschaft.

84 Menschen brauchen soziale Gemeinschaft.

Menschen sind soziale Wesen und suchen die soziale Gemeinschaft. Die Natur lehrt uns, dass ein Überleben im Schwarm oder im Rudel eher garantiert ist. Doch die Gemeinschaft muss zum Menschen passen. Sie muss seine Individualität fördern. Sie darf nicht verlangen, dass sich der Mensch verbiegt, sich verleugnet, fremdbestimmen lässt, um gruppenkonform zu sein.

Offensichtlich ist das Bedürfnis nach Sicherheit, sozialer Nähe und Anerkennung ein Grundbedürfnis der Lebewesen.

Machtmenschen missbrauchen das Grundbedürfnis, um Anhänger auszubeuten. Die menschliche Eigenschaft Angst, die

normalerweise vor einer realen Gefahr warnt, wird instrumentalisiert, indem im religiösen Umfeld von Schuld und Sünde gepredigt wird. Fundamentalistische Vertreter der Buchreligionen gaukeln ihren Anhängern vor, absolutes Wissen der Wahrheit zu besitzen. Sie versprechen, die Gläubigen aus der Gefahr der Vernichtung zu erlösen. Das verleiht den Führern die Macht, Untertanen gefügig und abhängig zu halten. Meine Reise zeigte einen Weg, wie ich mit mir selbst und mit dem Universum wieder synchron sein kann. Der Schlüssel ist Verstehen. Ich werde den »Wolf« füttern, der siegen soll.
Eines ist mir schon jetzt klar:

Absolutes Wissen ist göttlich. Der Mensch, der behauptet absolutes Wissen zu besitzen, erhöht sich selbst und setzt sich neben Gott. Menschen verstehen nur im Kontext ihrer Situation, Kultur, Erfahrung. Ihr Wissen definiert in Teilabschnitte. Das Wissen und Verstehen bedingt Wandlung und Anpassung.

85 Was ist Wahrheit?
Meine zentrale Frage: Was ist Wahrheit? Will ich im Augenblick so beantworten:

Ich kann jeden Wahrheitssucher gut verstehen. Ich selbst glaube derzeit nicht, sie irgendwann zu finden. Es gibt Dinge, die sind wahr in dem Sinne, dass sie existieren. Andere sind wahr in dem Sinne, dass sie zwingend logisch sind, was auf die Mathematik zutrifft. In der Religion stützen sich Wahrheiten, auf unbelegbare Prämissen. Zum Beispiel: "Die Bibel ist Gottes Wort", "Mohammed ist der Gesandte Allahs" und andere Behauptungen. Wer solche Prämissen akzeptiert, begibt sich in die Abhängigkeit von Priestern, Sektenführern und Gurus, die ihre Wahrheiten interpretieren. Schlimmstenfalls wird er ein Fundamentalist, der es nicht duldet, dass jemand anderer Meinung ist und ihn im extremsten Fall mit dem Tod bedroht.«

Eine Gemeinschaft die mich nicht so akzeptieren kann, wie ich bin, kann nicht meine Heimat sein. Das wird für mich nicht zwangsläufig bedeuten, mich von meinen Freunden, meinem sozialen Engagement und meiner Arbeit zu verabschieden. Das Experiment des Perspektivwechsels war für mich ein wichtiger Denkanstoß. Mir geht es wie Klara, ich fand eine Zukunftsperspektive und fühle mich am Beginn eines ganz neuen Weges.«

Bei diesen Worten übergab Quirin die Wortpyramide an Griseldis.

»Ich danke euch allen für eure großartige Arbeit. Danke, dass ihr eure Gedanken mit uns geteilt habt. Ihr habt alle meine Erwartungen weit übertroffen« sagte Griseldis in ehrlicher Anerkennung. »Eure Erkenntnisse, aus dem Perspektivwechsel wollen wir zur Abrundung noch vertiefen. Mit dem Praxistest beweisen wir, dass es auch heute grundsätzlich möglich ist, eine neue Religionsgemeinschaft zu gründen.«

86 Das Experiment, eine Religionsgemeinschaft gründen.

»Oha, da verlangst du aber viel von uns«, lachte Maria. »Wie stellst du dir das vor?«, wollte Gotthilf wissen.

»Ganz einfach«, antwortete Griseldis. »Wir treffen uns auf eurer imaginären Reise in einem fernen Land, dessen Ureinwohner noch nie Fremden mit heller Hautfarbe begegnet sind. Wir sind für diese Menschen eine überirdische Erscheinung. Mit der Zeit lernen wir ihre Sprache und wir erzählen ihnen Dinge aus unserer Welt, die sie kaum glauben können. Sie hängen an unseren Lippen und wollen immer mehr der für sie phantastischen Geschichten hören. Das ist die Zeit, in der wir uns Gedanken zu Religion und Glauben machen. Wir bringen den Ureinwohnern eine neue Gottheit. Wie sieht diese nach Eurer Meinung aus? Wer von den Göttern, denen ihr auf euren Reisen durch die Jahrtausende begegnet seid, ist sein Vorbild?«

Quirin sagte nachdenklich: »Vermutlich wollen die Menschen zuerst seinen Namen wissen«.

»Dann suchen wir einen Namen für ihn«, bat Griseldis.

»Das geht nicht«, wendet Klara ein. »Gott kann sich nur selbst einen Namen geben. Alle Namen, die wir uns ausdenken könnten, stammen aus unserem irdischen, stofflichen Bereich. Damit machen wir Gott klein, menschlich oder mit irgendetwas beschreibbar, dass innerhalb unserer Wahrnehmung ist.«

»Da ist was dran« stimmte ihr Quirin zu. »Rund um den Globus gibt es viele Namen für Gott. Wirklichkeit, Genesis, Gott, Allah, Tao, Jehova, Jachwé, Ich bin, So-Sein, En-Sof, Manitu, Schiwa, Ganesha, Buddha ... Alle Namen können in Wirklichkeit nur Beschreibungen für die Bilder sein, die sich die Menschen von ihrem Gott gemacht haben. So gesehen gebe ich meinem Gott den Namen Liebe. Das ist das Bild, das ich mir von ihm mache. Diese Eigenschaft ist so groß und umfassend, dass sie die gesamte Schöpfung einbeziehen kann. Es fällt mir leicht, den Ureinwohnern zu erklären, dass es kein Eigenname ist, sondern eine Beschreibung seiner wichtigsten Eigenschaft.«

»Dieser Gedanke gefällt mir«, sagte Maria. »Doch erinnere dich an den Vortrag. Liebe hat viele Aspekte. Ich schlage vor, dass wir aus den Anfangsbuchstaben der griechischen Worte für Liebe ein umfassendes Wort für Liebe entwickeln. Nehmen wir doch Ph von Philia, E von Éros, St von Storge und A von Agapé. Zusammen ergibt das Phesta - mit der Bedeutung einer allumfassenden Eigenschaft, der Liebe in allen Facetten. Sagen wir, das ist Gottes geheime Formel für ein glückliches Leben.«

»Schön und gut«, meint Gotthilf, »die Leute hören uns zu und sind sicher gespannt darauf, was unser Gott von uns Menschen erwartet. Welche Gebote hat er uns gegeben?«

»Ich kenne das Gebot der Liebe aus den Evangelien«, erwiderte Quirin. »Ich interpretiere es als Verschränkung des göttlichen, transzendenten mit uns stofflichen Wesen. Wenn er der Ewige in uns ist und wir in ihm, sind keine »du musst« oder »du sollst« Gebote nötig. Er ist die Quelle von Allem. Darum braucht er keine Opfer fordern. Geld regiert in der Regel zugunsten der Mächtigen, nicht vorwiegend zugunsten des Gemeinwohls. Gott nützt die Dienste des Menschen, um sie für seinen Dienst zum Guten des Menschen einzusetzen.

Es gibt keinen Grund für eine Gehorsamsprüfung, bei der Menschen, die in Frieden in einem Paradies leben, das Recht auf ewiges Leben verlieren können, wenn sie versagen. Er hat es nicht nötig auf Rache oder Bestrafung zu sinnen. Ein Gott der Liebe ist Freiheit und hat uns die Freiheit gegeben, unser Leben zu gestalten. Er verurteilt uns nicht für eine freie Wahl. Er ist ein liebevoller Gott, der sich über die Neugierde und den Wissensdrang seiner Schöpfung freut. Ihn freut der Fortschritt im Wissen, das auf der Überlieferung der Vorfahren aufbaut. Er findet es töricht, fortschreitendes Wissen zu verbieten, das den Irrtümern früherer Zeit widerspricht.

Seine Botschaft wäre:

»Mein Name soll abgesondert - unausgesprochen bleiben. Ich bin Phesta, die allumfassende Liebe. Mein Wille geschehe durch die Naturgesetze im Himmel und auf Erden. Sie geben euch das tägliche Brot. Ich helfe euch, den Bedürfnissen eures Nächsten gegenüber mitfühlend zu sein, denn ich habe alles Wissen dafür in euer Herz geschrieben. Ihr seid immer mit mir verbunden und ur-geliebt und ur-getragen. Mein Reich sei in euch wirksam, da mein Naturgesetz - euer Gewissen, - ein ewiger, sicherer Kompass ist. Wenn ihr der Versuchung widersteht, habgierig und machtgierig zu werden, seid ihr von jeder Art Übel erlöst.«

»Du hast mich gerade zur Phestarierin bekehrt«, sagte Sophia lachend.

»Leider kannst du dieser Religionsgemeinschaft nicht beitreten«, antwortete Quirin. »Es wird eine Religionsgemeinschaft, der man sich nicht anschließen kann. Sie missionieren nicht. Entweder du lebst diesen Glauben oder eben nicht. Das ist eine Herzensangelegenheit. Sie wird durch Vorleben und Beispielgeben erkannt. Jeder kann sie auf seine Weise leben - ohne Unterschiede, ohne Bedingungen - wenn du so lebst, bist du Phestarierin und in einem sozialen Netz, das dich trägt und schützt.«

»Das ist ein interessanter Ansatz für eine neue Glaubensgemeinschaft«. Griseldis war beeindruckt.

»Interessant wohl«, sagte Gotthilf. »Doch leider eine unrealistische Utopie. Wie wir alle wissen, handeln Menschen extrem gewissenlos. Denkt an die Zerstörung der Natur, durch Brandrodung oder Monokulturen. Jährlich sterben Tierarten für immer aus. Die Umweltverschmutzung durch Plastikmüll tötet Meeresbewohner und Vögel, unser Klima droht zu kippen. Soll ich denn noch weiter sprechen über Chemieskandale, Kriege, Korruption und Terror? Die Verursacher dieser globalen Bedrohungen müssten doch nach deiner Theorie auch den Gewissenskompass haben. Er funktioniert offensichtlich nicht.«

»Moment« warf Klara ein, »Ist nicht genau das der Beweis, dass Menschen einen freien Willen haben zu entscheiden, welchen »Wolf« sie füttern? Ich frage mich, welche Umstände im Leben eines Menschen den Archetyp »Allmachtswahn« oder die Gier nach mehr, »füttern«? Ich habe Marias Erfahrung im Kopf und würde unseren Gastgebern folgende Geschichte erzählen:

Einst lebte ein weiser Mann zusammen mit seiner Frau in einem wunderschönen, idyllischen Tal. Sie hatten einen Sohn mit wildem Temperament, doch weil nichts und niemand ihn einschränkte, war gut mit ihm auszukommen. Nach vielen Jahren wurde dem Ehepaar ein weiterer Sohn geschenkt. Dieser war für die Eltern Glück und Wonne. Mit Argwohn beobachtete der ältere Bruder jedoch, die Aufmerksamkeit, die dem kleinen Knaben geschenkt wurde. Seine Eifersucht wurde geweckt. Je älter das Kind wurde, desto mehr trachtete der große Bruder danach, dem Kleinen zu schaden. Listig ließ er es jeweils so aussehen, dass der Kleine als Übeltäter erschien.

Scheinheilig tröstete der Erstgeborene die Eltern in ihrem Kummer. Ihm gefiel es, Macht zu fühlen. Er fing an, auch Tiere nur zum Spaß zu jagen. Bei seinen Streifzügen in weit entfernte Gebiete scharte er zwielichtige Männer um sich, die ihn als Anführer bewunderten. Solche, die besonders geschickt waren, ihm zu schmeicheln, wurden seine Günstlinge.

Er beschloss, das Tal seiner Eltern zu verlassen und sich Ländereien zu erobern. Seine Macht und sein Reichtum mehrten sich. Doch seine Habgier und Machtgier wurden nicht gestillt, sie steigerten sich ins Grenzenlose.

Seine Günstlinge wurden von ihm ebenfalls mit Reichtum überhäuft. Sie dachten sich immer fantastischere Geschichten über seine Größe aus, um ihm zu schmeicheln. Sie gierten danach, neuen Lohn zu erheischen. Es genügte ihnen nicht mehr, ihn als begnadeten Herrscher zu titulieren. Er wurde der Göttliche und zum Schluss ein Gott.

Dieser Titel verlieh ihm die absolute Macht, zum Böses tun. Er kannte kein Mitgefühl, keine Grenze für Grausamkeit. Jeder, der bei ihm in Ungnade fiel, wurde auf höllische Art getötet. Die Köpfe oder Herzen derselben bot man ihm als göttliches Opfer in silbernen Schalen dar.

Er wurde das Synonym für das Böse auf der Erde. Alle Menschen, für die er ein Beispiel wurde, gaben an ihre Nachkommen die Information weiter: Zum Überleben ist es nötig, zu kämpfen, zu rauben, zu siegen. Seit dieser Zeit gibt es auf der Erde die Auseinandersetzung zwischen Gut und Böse.«

»Ok, das ist eine plausible Geschichte«, sagte Gotthilf. »Nur hilft sie uns heute weiter? Fakt ist, die Neigung, mit Habgier und Machtgier mehr Habe, mehr Macht selbst mit Gewalt zu erobern, ist rund um den Erdball zu beobachten. Wie willst du das jemals stoppen?«

»Ich bin überzeugt, dass Veränderung möglich ist«, sagte Klara. »Sieh doch genau hin. Der Auslöser der neidischen Gefühle war nicht die Ursache für das Verhalten des Bruders. Der Grund, oder die Ursache war, dass ein Bedürfnis von ihm nicht gesehen und befriedigt wurde. Versteht ihr, welches Bedürfnis ich meine?«

»Ich kann es schon erkennen, denn ich fühle mich von deiner Geschichte angesprochen«, sagte Maria. »Der ältere Bruder fühlte sich vernachlässigt, als die Eltern sich vermutlich aus seiner Sicht ausschließlich mit dem kleinen Kind beschäftigten. Sein Bedürfnis nach Aufmerksamkeit, Zeit - vielleicht auch Respekt - wurde nicht gestillt. Er hatte niemanden, der ihm zuhörte und ihm half, mit seinen Gefühlen in Harmonie zu kommen. So gesehen, war sein Verhalten gleichzeitig ein Protest gegen die von ihm als Ungerechtigkeit empfundene

Vernachlässigung. Am Ende auch der gescheiterte Versuch, Hilfe zu bekommen. Der Archetyp Krieger wurde nie geschult, mit Niederlagen konstruktiv umzugehen.«

»Boah«, machte Quirin, »Das ist ein genialer Denkansatz. Was, wenn wir das auf die heutige Weltlage übertragen? Was steht heute hinter den Konflikten, die unseren blauen Planeten erschüttern? Ich bin sicher, man findet übergangene Bedürfnisse der Menschen, die protestieren und sich lautstark Gehör verschaffen wollen. Wie gehen wir Phestarier mit diesen Menschen um? Wie setzen wir das Gebot: »Den Bedürfnissen eures Nächsten gegenüber mitfühlend zu sein« um? Nehmen wir den Fall eines Jugendlichen, der mutwillig das Eigentum anderer beschädigt hat. Er ist in der Schule durch sein aggressives Benehmen unbeliebt. Könnten wir sein Bedürfnis ermitteln und damit die Ursache für seine Aggressionen?«

»Ich würde zuerst schauen, wie er in seinem privaten Umfeld lebt«, sagte Klara. »Hat er ein liebevolles Elternhaus, haben sie ein ausreichens Einkommen, hat er Geschwister, haben die Eltern Zeit für ihn? Du beschreibst ihn als Jungen, der in der Schule unbeliebt ist. Damit ist er ein Außenseiter. Das tut weh, wie ich aus eigener Erfahrung sagen kann. Beim nächsten Konflikt würde ich alle Beteiligten zusammenrufen. Der Delinquent muss sich in ihre Mitte stellen. Zu Beginn bitte ich jeden einzelnen, etwas Gutes über den Mitschüler zu sagen.

Der nächste Schritt wäre, dass die Beteiligten den Vorfall aus ihrer Sicht erzählen, ohne Bewertung. Sie sollen spontan ihre Beobachtung loslassen.

Dann würde ich den »Angeklagten« bitten, den Vorfall aus seiner Sicht zu beschreiben. Er dürfte keine Bewertung abgeben. Also nicht sagen, der Lehrer hat mich übersehen, *weil* er mich nicht mag. Er sollte sagen, was er fühlte. Ich fühlte mich übergangen. Ich möchte respektiert werden. Man soll mir aufmerksam zuhören. Ich brauche Hilfe, wenn ich eine Aufgabe nicht bewältigen kann.

Ich habe das Gefühl, dass es so funktioniert. Beide Seiten können ihr Bedürfnis benennen. Sie haben die Chance, sich gegenseitig zu verstehen. Das hilft doch eindeutig, eine gemeinsame Lösung zu finden, oder nicht? Wenn eine Lösung ein gemeinsames Projekt ist, dann ist der gegenseitige Respekt Programm. Ein afrikanisches Sprichwort sagt: Deine Taten sprechen so laut, dass ich deine Worte nicht verstehen kann.

Ich denke, mit einer solchen Methode werden die Worte verstanden und es sind Taten möglich, die mit dem Herzen verstanden werden.«

»Danke Klara, für diese tiefen Gedanken«, sagte Quirin. »Mir gefällt es, das dein Vorgehen frei von Worten wie »du musst«, »du sollst«, »schlecht«, »falsch«, »unnormal« oder sonstiger abwertender Kritik, ist. Ich kann auch keinen Bezug zu einer

Ideologie oder Doktrin feststellen. Damit hast du einen praktikablen Weg gezeigt, wie Konflikte wertfrei zu lösen wären. Die Herkunft, sozialer Stand, Ethnie, Religion, Geschlecht bleiben unberücksichtigt. Du siehst Kämpfe im Kontext der Menschenwürde und löst sie respektvoll auf Augenhöhe. Das ist sehr beeindruckend.«

Griseldis schaltete sich ein: »Bravo! Ihr habt bewiesen, wie einfach es wäre, eine neue Religion zu gründen und vor allem auch, sie zu leben. Bleibt doch noch eine kurze Zeit in Gedanken bei diesem Stamm, der euch freundlich aufgenommen hat. Nehmt an, er wird bald mehr Kontakte mit der Zivilisation bekommen. Seine Existenz spricht sich herum und die ersten Abenteurer machen sich auf den Weg, um sie zu treffen. Es könnte sein, dass Missionare eintreffen. Wie die Geschichte lehrt, sind nicht alle harmlos. Ihr wollt also diese arglosen Menschen auf die Gefahr vorbereiten. Worauf sollten sie, nach eurem jetzigen Wissen, achten?«

87 Der unredliche Guru wird entlarvt.

»Ich würde sie vor Menschen warnen, die ihnen eine ›gute Botschaft von Gott‹ bringen wollen.« Erklärte Sophia entschieden. »Hier sage ich auf alle Fälle: Vorsicht Falle! Ich begründe das mit dem, was wir über die Forschungen der Neurowissenschaft in unserer Gruppe lernten. Botschaften, die wir zum Überleben benötigen, hat Gott - oder welche Metapher ihr dafür auch verwenden mögt, - in Form der Verschränkung mit dem universellen Wissen in uns verankert. Es ist die Spiritualität, die nicht in einem sakralen Gebäude, einer religiösen Organisation, einem Heilgen Gral gefunden werden kann.

Es ist die Transzendenz, mit der wir ein Teil des universellen Ganzen sind. Wir sind verbunden mit der spirituellen Quelle und tragen alle benötigten Informationen in uns. Die Ureinwohner sollen weiter auf ihr unterbewusstes Wissen, ihr Bauchgefühl, hören. Die Wissenschaftler sagen, dass eine ungeheure Fülle unbewusster Signale vom Bauch zum Hirn strömen, die voller biologischer Bedeutung sind. Darum sind sich die Experten einig: Es gibt die Weisheit des Bauches.«

»Das allein wird aber nichts nützen«, wendet Maria ein. »Nimm uns doch als Beispiel. Haben wir auf unser Bauchgefühl gehört? Selbst wenn wir heftigste Bauchschmerzen hatten, deuteten wir sie falsch. Der Einfluss der sozialen Umgebung ist viel zu stark. Die Tradition und Kultur dominiert eindeutig die Signale eines leisen Kompasses, den vielleicht tatsächlich alle haben.«

»Stimmt«, Maria. »Wenn ich an meine Suche nach Gott zurückdenke, dann trieb mich ein Gefühl an, doch habe ich es völlig falsch interpretiert. Mir fehlten die richtigen Fragen, damit ich mir ein Urteil bilden konnte.« Gotthilf wurde nachdenklich bei Marias Worten.

»Genau! Die richtigen Fragen führen zum Ziel: Worauf beruft sich der Missionar? Behauptet er, eine Botschaft von Gott zu bringen?« Setzte Quirin den Gedankengang fort. »Dann würde ich fragen: Kann ich die Aussage überprüfen?«

»So ist es!« Bestätigte Sophia. »Es ist wichtig, die Argumentation zu analysieren. Eine Behauptung mit dem Argument zum Dogma zu machen, ›es steht nicht in der Bibel‹, ist höchst fragwürdig. Zum Beispiel wisst ihr, dass es für Juden und Muslime verboten ist, nicht ausgeblutete Speisen zu essen. Das Verbot geht auf die Zeit der Wüstenwanderung zurück. Daraus folgert der Dogmatiker, Blutgenuss ist verboten und damit ebenso die medizinische Verwendung von Blut. Die Begründung lautet: Es steht nicht in der Bibel, dass Blut zu medizinischen Zwecken verwendet werden darf.

Da könnte ein Guru predigen: Es steht nicht in der Bibel, wie die Luft zum atmen verwendet werden darf. Ich sage Euch, Luft mit hohen Ozonwerten ist gesundheitsschädlich. Wer gesunde Luft atmen will, muss mich als Überbringer der Rettungsbotschaft anerkennen. Er muss mich mit seinen finanziellen Mitteln freiwillig unterstützen und die Ozonmaske kaufen, die nur Leute bekommen, die mir Loyalität schwören.«

»Das ist ein gutes Beispiel«, lobte Quirin. »Die Suggestion eines Verbotes, wird subtil praktiziert, indem dazu animiert wird, eine erwartete Schlussfolgerung zu ziehen: Weil etwas früher verboten wurde und heute keine ausdrückliche Erlaubnis in der

Bibel steht, gehorcht man dem Diktat der Führung. Das bringt mich zu wichtigen Fragen: Wem nützt die Botschaft? Was kostet sie? Welchen Inhalt hat sie? Bedeutet sie Frieden und persönliche Freiheit? Mit welchen Worten wird gepredigt? Welche Bilder vermitteln die Worte, die verwendet werden? Lauten sie kämpfen, Kampf, besiegen, Vernichtung, Sünde, Tod, Teufel, Dämonen, Zorn, Loyalität, Gehorsam, baldiges Ende der Welt? Wenn wir auf solche Worte achten, können wir erwarten, dass die universelle Weisheit, die in dem Ökosystem des Bauchgehirns, seit Beginn der Evolution gespeichert ist, Alarm gibt.

Wir haben dann wirklich die Freiheit zu entscheiden, ob wir einer Drohbotschaft oder einer Friedensbotschaft folgen werden. Dieser Informationsaustausch entspringt unserem ganz persönlichen unbewussten Wissen. Wir können unseren Lebenssinn daraus ableiten. Dafür braucht Gott keinen Mitteilungskanal, denn niemand kann mir erklären, was mein Bedürfnis ist. Niemand kann mit meinem Herzen fühlen. Niemand kann mit meinem Kopf denken. Das kann nur ich für mich Höchstselbst. Die Herausforderung für mich - vielleicht auch für euch - wird es sein, diesen leisen Signalen zu vertrauen. Wir waren es gewohnt, den Regeln zu vertrauen, die Fremde für uns aufstellten.

Wir sollten die Kiste verlassen und fliegen lernen«, - sagte er nachdenklich, in Anspielung auf das Bild der Gefangenen in der Kiste.

»Das ist ein gelungenes Experiment«, bestätigte Griseldis erfreut. »Ihr habt die wichtigsten Kriterien auf den Punkt gebracht. Du hast Recht, Quirin, ihr habt noch einen langen Weg zu gehen. Das Wichtigste ist, dass ihr euch selbst liebt. Lernt auf eure Gefühle zu achten. Das Dunkle im Leben wird sich von selbst aufdrängen. Ihr müsst für ein glückliches Leben das Licht suchen. Das Licht ist die Kraftquelle allen Lebens.

Ihr werdet nun aus der stationären Behandlung entlassen. Unsere Empfehlung ist, dass ihr weiter eine therapeutische Begleitung sucht. Geht den Schritt in die Freiheit nicht allein. Es gibt keine bestimmte Methode, die per se allen anderen überlegen ist. Der Erfolg wird von eurer persönlichen Klient/Therapeut-Beziehung abhängen. Dennoch gibt es einige Verfahrensweisen, die in der Praxis erprobt wurden und sich bewährt haben.

Das Risiko liegt in der Person des Therapeuten! Er läuft Gefahr, zum neuen Guru des Aussteigers zu werden. Ihr dürft in ihm keinen Ersatz für euren abhandengekommenen Gott, Vater oder Guru-Glauben sehen. Ich denke, unsere Gruppenarbeit hat euren Blick geschärft und euer Bedürfnis nach Abhängigkeit und Unterwerfung entschärft. Arbeitet daran eure persönliche Berufung und Freiheit zu erobern und haltet sie für immer Fest.

Hermann Hesse machte folgende Beobachtung:

»Für die Mehrzahl der Menschen ist es sehr gut, einer Kirche und einem Glauben anzugehören. Wer sich davon löst, der geht zunächst einer Einsamkeit entgegen, aus der sich mancher bald wieder in die frühere Gemeinschaft zurücksehnt. Er wird erst am Ende seines Weges entdecken, dass er in eine neue, große, aber unsichtbare Gemeinschaft eingetreten ist, die alle Völker und Religionen umfasst. Er wird ärmer um alles Dogmatische und alles Nationale, und wird reicher durch die Brüderschaft mit Geistern aller Zeiten und aller Nationen und Sprachen.«

Viel Glück bei der Entdeckung eures ganz persönlichen Weges der Freiheit.«

"Freiheit ist wie das Leben. Auch das Leben kann man euch nicht ratenweise geben. Man kann euch nicht den Atem geben, aber keinen Körper, nicht ein Herz, aber keine Adern. Freiheit ist unteilbar - entweder ihr habt sie ganz, oder ihr seid nicht frei."
(Martin Luther King)

Weitere Bücher der Autorin:

Mara im Kokon - ein Leben unter Wachtturm-Regeln
erschienen 2010 im Engelsdorfer Verlag Leipzig
ISBN 978-3-86268-003-0

Die Autorin beschreibt ihr Leben als anerkanntes Mitglied der
Zeugen Jehovas und ihre Loslösung nach 60 Jahren.

**Saras Mut - Ihr Kampf um Freiheit des Glaubens, des
Gewissens und ein selbstbestimmtes Leben.**
Erschienen 2011 im Engelsdorfer Verlag Leipzig
ISBN 978-3-86268-400-7
Das Buch schildert die Folgen der Indoktrinierung und des
Kontaktverbotes für Jugendliche, die aus der Familie
ausscheiden müssen.

Die Wachtturm-Wahrheit, Eine Sektenfalle?
erschienen 2013 im Engelsdorfer Verlag Leipzig
ISBN 978-3-95488-396-7
beleuchtet die Methoden der Manipulation, mit denen
Mitglieder gegen Kritik immunisiert werden. Es gibt Erklärungen
wie Menschen dazu gebracht werden ihre Freiheit einem
diktatorischen Religionssystem zu opfern.

Überleben,

Was blieb von der Heimat Donauschwaben?

erschienen 2013 im Engelsdorfer Verlag Leipzig

ISBN 978-3-95488-485-8

die Autobiographie erzählt die Geschichte der Besiedelung österreichisch-ungarischer Gebiete, die wechselvolle Geschichte, Sitten und Bräuche der Donauschwaben und die Erlebnisse der Familie in zwei Weltkriegen, der Flucht und dem Neuanfang in Deutschland.

Barbara Kohout war 60 Jahre eine gläubige Zeugin Jehovas. Im Alter von 70 Jahren führten Veränderungen in ihrem Leben dazu, dass sie an "der Wahrheit" zweifelte. Ihre kritischen Fragen wurden als Abtrünnigkeit gewertet. Ein Rechtstribunal entzog ihr die Gemeinschaft. Das bedeutete den sozialen Tod.

Jehovas Zeugen folgten der Anweisung, jeden Kontakt zu ihr abzubrechen. Daran halten sich auch alle Familienangehörigen die Anhänger der Wachtturm-Doktrin blieben. Die Autorin verarbeitete die persönliche Erfahrung in ihren Büchern.

Sie gründete eine Selbsthilfegruppe für Sekten-Aussteiger und klärt in Vorträgen, sowie Zeitschriften, Fernsehbeiträgen und Internet-Foren auf. Sie berät Betroffene persönlich am Telefon oder per E-Mail und stellt Informationen auf ihrer Webseite zur Verfügung.

Um Antworten auf ihre Frage, wie Menschen in die Fänge von Sekten, Gurus und destruktive Gemeinschaften kommen, zu finden, besuchte die Autorin Seminare, Vorlesungen, Fachvorträge und untersuchte wissenschaftlichen Veröffentlichungen zu diesem Thema.

Das Ergebnis ihrer Forschung findet sich in diesem Buch wieder.

Ende